Caroline Rzehak

Ein Jahr in der Schweiz

Caroline Rzehak

Ein Jahr in der Schweiz

Reise in den Alltag

HERDER

FREIBURG · BASEL · WIEN

„Es sollte Uhren geben, die nur weitergehen,
wenn die Zeit, die du lebst, sich lohnt."

Urs Widmer

MIX
Papier aus verantwortungsvollen Quellen
FSC® C017859
www.fsc.org

Originalausgabe

www.herder.de

Umschlagkonzeption: Agentur R·M·E Roland Eschlbeck
Umschlaggestaltung: Verlag Herder
Umschlagmotiv: © F1 online

Satz: Dtp-Satzservice Peter Huber, Freiburg
Herstellung: CPI Moravia Books, Pohorelice

Printed in Czech Republic

ISBN 978-3-451-06737-2

Inhalt

Dezember

DÜSSELDORF AIRPORT, um 18.55 Uhr soll mein Flug starten, die letzten Sonnenstrahlen des Tages erhellen die Welt, als wollte sie mich zum Abschied aus dem Ruhrpott ganz besonders grüßen. Etwas verloren sehe ich mich um, ein komisches Gefühl, mit einem One-Way-Ticket in der Tasche. Plötzlich piept mein Handy: „Wo steckst du? Wir sind im Flughafen:–)“ – Meine Eltern.

Als ich sie endlich gefunden habe, falle ich ihnen in die Arme und freue mich, dass wir die Stunde vor dem Abflug verplaudern können und ich meine durcheinanderpurzelnden Gefühle erst mal im Zaum halten kann. Sichtlich bemüht sich meine Mutter, nicht traurig zu wirken. „Ach, es ist eine tolle Chance für euch! Es wird bestimmt alles gut werden. Dominik fühlt sich doch schon recht wohl.“ Dominik, seit kurzem mein Ehemann, hatte im Sommer durch einen Headhunter das Angebot für eine Arbeitsstelle in der Nähe von Zürich erhalten. Erst vor gut einem Jahr waren wir wegen seines Jobs nach Bochum gezogen. Und nun also in die Nähe der schönen Berge? Wir hatten unsere Bedenken, im Vorfeld hörte man nicht nur Gutes über die Schweiz. Aber solch eine Chance ergibt sich nicht oft. Frei nach dem Motto „Wer nichts wagt, der nichts gewinnt“ haben wir uns für den Schritt in die Schweiz entschieden.

„Im Ruhrgebiet gefiel es euch doch gar nicht so gut. Zürich ist bestimmt ein viel besserer Ort, um glücklich zu werden!“ Meine Mutter drückt mich fest an sich, die Tränen in unseren Augen ignorieren wir tapfer. „Sag Dominik, er soll auf meine Kleine aufpassen! Los, Birgit, wir fahren jetzt.“

Mit einer letzten festen Umarmung beendet mein Vater die Szene. Schluck. Jetzt geht's los!

Ein Blick aufs Handy lässt die Augen erneut prickeln: Meine Freundinnen schreiben so rührende Nachrichten. Sie freuen sich für uns und unterstützen mich bei diesem großen Schritt – und ich werde sie sehr vermissen.

One-Way in ein anderes Land, wie oft hatte ich davon geträumt! In meiner Vorstellung waren es ferne Ziele wie Kanada oder Neuseeland, doch nun bin ich froh, dass es nicht zu weit fort geht von Zuhause. So sehr ich mich auch auf die Schweiz freue, mindestens ebenso habe ich die Angst im Herzen, ob und wie die Freundschaften die neue Entfernung überstehen werden und wie es uns vor Ort ergehen wird. Als die Maschine sich in die Lüfte erhebt, schaue ich auf Düsseldorf, nehme dieses Bild in mich auf: Die Lichter der Stadt glitzern, die Autobahn wirkt wie eine hübsche leuchtende Perlenkette ...

Flughafen Zürich, Dominik empfängt mich, und wir fallen uns in die Arme. Endlich ist Schluss mit unserer kurzen, aber anstrengenden Zeit der Fernbeziehung. Und romantisch-galant trägt er mich über die Schwelle der neuen Wohnung – wir müssen beide kichern. Er zeigt mir die noch leeren Räume, erst am nächsten Tag soll all unser Hab und Gut mit dem Umzugsunternehmen ankommen.

Ich bin froh, dass uns unser Weg in ein deutschsprachiges Land geführt hat, ich gehe davon aus, dass ich gut zurechtkommen werde. Im Vorfeld habe ich Bücher gelesen, „Gebrauchsanleitung Schweiz" und Ähnliches, um zu verhindern, in die ganz großen Fettnäpfchen zu treten. Nun bin ich gespannt, welche der Warnungen und Klischees über die Schweiz sich bewahrheiten werden.

Woche eins in der neuen Heimat. Ich tapse zwischen Kisten-Ausräumen, Wohnung-Einrichten und Ankommen herum. Keinen zu kennen, das hatte ich bereits in Bochum erlebt, und es hat sich nicht allzu schön angefühlt. Ich hatte lernen müssen, dass es nicht leicht ist, neue Kontakte zu knüpfen. Meine Blauäugigkeit in dieser Hinsicht hatte ich also schon längst hinter mir gelassen, irgendwo auf der Autobahn zwischen Aachen und Bochum. Nun weiß ich, dass wir hier eine Weile alleine zurechtkommen müssen. Vor allem, da man den Schweizern eine deutliche Zurückhaltung nachsagt, insbesondere gegenüber Deutschen. Es fühlt sich seltsam an, fremd zu sein und die Sprache eben doch nicht zu verstehen, obwohl es Deutsch ist. Deutsch? Das, was ich im Radio oder Supermarkt höre?

An einem sonnigen Mittwoch fahre ich mit dem Rad durch den Ort zur Gemeindeverwaltung. Als ich mein *Velo* für den Rückweg aufschließe, schüttele ich unwillkürlich den Kopf. Ich kann es immer noch nicht glauben. Krame in meiner Tasche und hole das neue Ausweisdokument noch einmal hervor: ein grauer, aufklappbarer Beleg für meine Aufenthaltsbewilligung – zu groß für jedes Portemonnaie. Es ist in tristem Sandmatschgrau gehalten, innen mit Foto. Außen steht es schwarz auf weiß, in großen Lettern, damit ich es ja nicht vergesse: „Ausländerausweis". Schon verstanden. Die Bewilligung läuft, dank Dominiks unbefristetem Arbeitsvertrag, genau fünf Jahre. Wenn wir uns in der Zeit benehmen und wir immer noch unser Einkommen haben, dann dürfen wir einen Antrag auf Verlängerung stellen. Vielleicht erhalten wir dann ja den hellgrünen Ausweis C mit der Niederlassungsbewilligung. Wir werden sehen.

Tags darauf schreie ich bei der Fahrt zum Supermarkt plötzlich vor Begeisterung auf: „Die Alpen!" So weit weg – und doch: „Ich kann sie sehen, auf dem Weg zum Einkaufen. Wie cool ist das denn?! Unfassbar." „Ja, sieht toll aus, nicht?", lächelt Dominik mich an. Sofort durchströmt mich eine Glückswelle, und alle meine Befürchtungen und Ängste sind wie weggeblasen. Dieses wunderschöne Land wird uns für so manche Strapaze entschädigen, ich bin mir sicher!

Mein Plan sieht vor, den Dezember nur mit Ankommen zu verbringen, um den Job kümmere ich mich wieder im neuen Jahr. Die Absagen, die ich bisher erhalten habe, reichen erst mal. Jetzt steht „Neue Heimat erkunden“ auf dem Programm – und verschnaufen. Ich bin so froh, dass das Timing geklappt hat und ich in der Vorweihnachtszeit hier eintreffe. Überall sind die Häuser und Vorgärten mit unzähligen Lichtern geschmückt. Waren in Deutschland auch so oft leuchtende Rentiere, Sterne und glitzernde Balkone zu sehen? Oder fällt es mir nur auf, weil ich hier mit den Augen einer Fremden unterwegs bin?

Bei den frischen Auslagen eines Bäckers lese ich: *Grittibänze.* Diese Teigmännchen sehen dem geliebten Weggemännchen, Weckmann oder, wie es im Ruhrgebiet heißt, Stutenkerl doch sehr ähnlich. Das will ich genau wissen. Ich bestelle einen, und die Verkäuferin fragt mich freundlich: *„Suscht no öppis?“* Und bemerkt sofort, dass ich sie nicht verstanden habe. Überhaupt nicht. „Darf es sonst noch etwas sein?“, ergänzt sie auf *Schriftdeutsch*, wie es hier auch oft heißt. Sie sieht mich fragend an: *„Hettet Sie gern no äs säckli?“* Ich lächle zaghaft. Wissend erwidert die freundliche Dame mein Lächeln und reicht mir meinen *Grittibänz* in einer Tragetasche. Da wird der kleinste Einkauf zum Abenteuer. Mein Teigmännchen ist, hmm, süß und fluffig, so muss das sein.

Der *Samichlaus* genießt hier anscheinend einen ähnlichen Stellenwert wie zu meiner Kindheit der Nikolaus. So gibt es rund um diesen Termin eben die feinen *Grittibänze* ebenso wie andere Leckereien, die einem die Wartezeit bis Weihnachten wahrhaft versüßen.

Im Supermarkt bin ich irritiert: Irgendetwas fehlt hier. Ich schaue mich um, denke nach, und plötzlich komme ich drauf: Es gibt sie, aber nicht in den Massen wie in Deutschland schon im September: die Schokoweihnachtsmänner. Eher verschämt stehen sie neben den anderen Köstlichkeiten, etwa den bunten *Schoggikugeln* in allen Farben und Sorten. Und was sehen meine Augen? Printen aus Aachen, aus unserer alten Heimat! Das gibt's ja gar nicht! Wie schön, dass man heutzutage immer ein Telefon mit Kamera dabei hat, so sende ich direkt einen Gruß in die Herkunftsstadt dieser Leckereien. Daneben türmen sich weitere Berge *Schoggi* aller Art. Besonders beliebt sind offensichtlich vor allem Lindt & Sprüngli, Chocolat Frey und Cailler. Die beiden letzteren waren mir bislang völlig unbekannt – es sind offenbar hiesige *Schoggi*-Marken.

Der nächste Morgen begrüßt mich mit leise rieselnden Schneeflocken. Ich kann es nicht lassen, ich zücke die Kamera und mache Fotos aus so ziemlich jedem Fenster. Vorweihnachtszeit und Schnee! Ich strahle übers ganze Gesicht, diese Stimmung und das Winterwetter möchte ich auskosten. Gut gelaunt mache ich mich auf den Weg in die Stadt. Mein erstes Ziel: der *Zürcher Christkindlimarkt* in der Bahnhofshalle. Die 150 Holzbuden stehen weihnachtlich geschmückt mit Tannengrün, bunten Kugeln und Lichterketten da, feierlich aufgereiht, und sie laden ein zum Bummeln und Einkaufen. Hübsch sehen sie aus, in den Auslagen findet man Schmuck, Mützen, Kunsthandwerk bis hin zu Käsespezialitäten. Aber irgendwie will sich die typische Weihnachtsmarktstimmung bei mir noch nicht einstellen, etwas passt nicht. Anstatt nett durcheinander dudelnder Weihnachtslieder höre ich vor allem Bahnhofstrubel. Und mir fehlt das typische Winterwetter, nur echt mit Wölkchen vor dem Mund. Der Duft der heißen Maroni, die es hier an vielen Stellen zu kaufen gibt, die Lichter und festlich geschmückten Büdchen – all das kann mich nicht recht von der Bahnhofshallen-Atmosphäre ablenken. Inmitten der Stände bleibe ich stehen und lege den Kopf in den Nacken, um den riesigen Tannenbaum zu betrachten. Die Stadt gilt als eine der reichsten und teuersten weltweit. Da überrascht mich dieser Baum nicht: Fünfzehn Meter hoch und mit 6000 Swarovski-Ornamenten geschmückt, soll diese glitzernde Nordmanntanne, geschützt von einer hohen Plexiglasscheibe, den Wert von etwa einer Million Schweizer Franken haben, sagt man.

Ich schlendere aus dem Hauptportal des Bahnhofs hinaus, vorbei an einem Brunnen, dessen Wasser in spektakulären Formen gefroren ist, über die Tramgleise auf die berühmte Bahnhofsstraße. An deren Beginn finden sich die üblichen Läden wie H&M und Dosenbach – letztere sehen exakt so aus, wie in Deutschland die Deichmann-Ketten. Je näher ich Richtung See gehe, desto hochwertiger und kostspieliger werden die Angebote. Spätestens, wenn man die Mietpreise der Ladenlokale in dieser besonderen Straße erfährt, wundert man sich nicht mehr, warum hier vor allem Großketten und renommierte Edelmarken vertreten sind. Der Einzelhandel muss die weltweit dritthöchsten Ladenmieten zahlen. In den Nebenstraßen werden die Geschäfte kleiner und das Angebot vielfältiger – natürlich ergänzt durch die üblichen Schmuck-, Uhr- und Designerwaren.

Zauberhaft wirkt die festliche Beleuchtung dieser über einen Kilometer langen Straße. Mit offenem Mund stehe ich da und würde den Anblick gerne mit jemandem teilen. Als hingen unendlich viele glitzernde Sterne zwischen den Gebäuden – wunderschön!

Nahe dem Seeufer finde ich einen weiteren kleinen Weihnachtsmarkt. Das helle Opernhaus ragt etwas entfernt, aber unübersehbar und imposant hinter den niedrigen Ständen auf. Die Büdchen stehen an der frischen Winterluft. Wobei – frisch? Immer wieder steigt mir ein unverkennbarer Geruch in die Nase. In vielen Restaurants wird Käsefondue, also geschmolzener Käse mit einem Schuss Kirschschnaps, in verschiedenen Variationen angeboten. Und das darf, neben Raclette, auf dem Weihnachtsmarkt offenbar nicht fehlen. Man findet diese Stände genauso oft, wie unsereins kürzlich noch die Currywurst-Buden in Bochum.

Bereits nach kurzem Einleben können wir uns auf unseren ersten Besucher freuen. Wir treffen Jens direkt am Bahnhof Zürich und möchten ihm als erstes die schneebedeckten Dächer des abendlich funkelnden Zürichs zeigen. Dies geht besonders gut von der Aussichtsterrasse der Eidgenössischen Technischen Hochschule. Hier meist nur als ETH bezeichnet, liegt das Universitätsgelände an den Ausläufern des Zürichbergs. Schnell ist der Plan gefasst, mit der Polybahn zu fahren, über die wir bisher nur gelesen haben. „Das ist eine kleine Standseilbahn, die bereits 1889 das erste Mal den Platz Central mit der Uni verband. Heute wird sie auch gerne Studenten-Express genannt, weil sie tagsüber ständig hoch und runter fährt. Tja, leider nach 19.15 Uhr nicht mehr", beendet Dominik seine Ausführung. Wir sind für den bequemen Weg zu spät dran, was Dominik etwas enttäuscht. „Ach, dann spazieren wir noch ein Stück durch das Niederdorf und gehen die Treppen hoch", erwidere ich frohen Mutes.

Zugegeben, es sind viele Stufen. Mit Schnee und Eis bedeckt. Vor dem altehrwürdigen Gebäude angekommen, freuen wir uns über den außergewöhnlichen Anblick auf zwei Schneemänner. „Die sind ja riesig! Hey, macht mal ein Foto, die Kerle sind noch mehr als einen Kopf größer als ich", stellt sich Jens zwischen sie und posiert strahlend. Ein weiteres Werk dieser eifrigen Erbauer befindet sich wenige

Meter entfernt mitten auf der weitläufigen Terrasse: Ihm hatten sie gar einen Schneezylinder und einen Tannenbart angezogen. Von hier aus genießt man einen erstklassigen Ausblick über die Stadt, den *Zürisee* und den gegenüberliegenden Uetliberg, den Hausberg der Zürcher. Die Studierenden können sich wirklich glücklich schätzen: Die Aussichtsfläche ist quasi das Dach der Mensa, sodass sie beim Mittagessen den Blick über die Stadt genießen können.

Als wir am nächsten Morgen die Wohnung verlassen, grüßt Jens unsere Nachbarin auf dem Flur mit einem beherzten *„Grüezi!"*, während ich ein freundliches „Guten Morgen!" von mir gebe. „Dass du dich das so traust!" „Was?" Jens sieht mich irritiert an. „Na ja, ich habe gelesen, die Schweizer mögen es gar nicht, wenn wir Deutschen versuchen, ihre Sprache zu sprechen. Sie würden jeden Dialekt schon am *Grüezi* erkennen – und uns Deutsche erst recht." Jens sieht das anders: „Mag ja sein, aber ist es nicht allgemein eher unhöflich, wenn man sich nicht mal bei einer Begrüßung anpasst? Also, wenn man nicht mal ein Grüezi und so über die Lippen bringt – ich weiß nicht. In jedem Land bemühe ich mich, zumindest ein Guten Tag, Bitte und Danke in Landessprache zu sagen." Eigentlich sehe ich das genauso. Vielleicht war es nur meine Lektüre über die Schweiz, die mich etwas eingeschüchtert hat.

Wir fahren zum Bachtel, einem Berg im Zürcher Oberland, der später für uns eine Art Hausberg werden wird. Den Gipfel, der auf 1115 Metern liegt, wollen wir mit Schneeschuhen erreichen. Zuerst hielt ich es für eine völlig verrückte und absurde Idee: Schneeschuhe?! Wozu das denn? Die braucht doch niemand! Aber nach unserem Ausflug war ich geläutert, mehr noch, ich war verliebt in diese Form des Winterwanderns! Es ist traumhaft, der Schnee liegt kniehoch, und ohne die Schneeschuhe wäre das Vorankommen extrem beschwerlich. Selbst mit den Helfern unter den Füßen müssen wir richtig stapfen und geraten ordentlich ins Schwitzen. Für mich als geborene Flachländerin ist es unbeschreiblich schön, den Winter so auszukosten. Die Tannenzweige, vom Schnee schwer geworden, hängen tief, das kalte Weiß zu unseren Füßen ist weich und leicht, die Sonne scheint, und die Landschaft gleicht derart einem Postkartenidyll, dass ich das alles kaum begreifen kann.

Am Gipfel angekommen, sehe ich etwas skeptisch nach oben. „Ihr wollt aber nun nicht über die vereisten Stufen dort auf den sechzig Meter hohen Turm, oder?" Meine Skepsis siegt. Lieber trinken wir eine heiße Ovomaltine im Restaurant. Dieses süße Malzgetränk, das mich an Kakao erinnert, wird hier fast überall angeboten. Gleiches gilt für Rivella, ein kohlesäurehaltiges Erfrischungsgetränk, das hierzulande hergestellt und eifrig getrunken wird. 1952 begann die Erfolgsgeschichte des „offiziellen Durstlöschers der Nation", angereichert mit 35 Prozent Milchserum, was deutlich gesünder sein soll als die meisten anderen Softdrinks. Die Schweizer scheinen stolz zu sein auf ihre beiden Nationalgetränke. Eine *Ovo* verzückt auch mich.

Und dann die Aussicht! Der Blick über den Zürisee und die Alpen ist selbst an diesem etwas diesigen Tag geradezu grandios! Immer wieder, ich kann gar nicht anders, starre ich aus dem Fenster, während Jens und Dominik, Kenner des Anblicks von Winterbergen, sich angeregt unterhalten. Es ist beeindruckend, wie völlig normal hier in der Schweiz der Wintersport ist und zum Alltag gehört. Draußen stehen dutzende Paare Schneeschuhe, Schlitten, Skier. Ich staune, dass die Leute so viel Vertrauen haben. Keiner scheint zu befürchten, jemand könne die teure Ausrüstung stehlen. Und offenbar funktioniert es. So viele Leute genießen gutgelaunt die Bewegung und die Stimmung dieses Wintertraums. Menschen jeden Alters kommen mit dem Schlitten unterm Arm oder hinter sich herziehend oben auf dem

Bachtel an, um mit lautem Gejauchze den Berg wieder runter zu *schlitteln.* Prompt kommt Dominik auf die Idee: „Caro, du musst unbedingt Skifahren lernen, das machen hier einfach alle, und es ist super!“ Na, er hat leicht reden, er hat es als Kind gelernt. Mein Versuch, auf einem Snowboard einen Hügel herunterzukommen, erwies sich als schmerzhaftes Unterfangen, weshalb meine Ambitionen dahingehend ziemlich gering sind.

Meinem Mann wurde einmal gesagt, er sei ein zurückhaltender Deutscher. Und das war durchaus ein Kompliment. Ein Vorurteil, das uns in Deutschland immer wieder entgegenschlug, als wir von unseren Umzugsplänen berichteten, lautete: Die Schweizer mögen die Deutschen nicht. Uns beiden ist klar: Das wollen wir erst mal sehen! In der Hoffnung, einen guten Eindruck zu erwecken, stellen wir uns eines Abends persönlich bei unseren Nachbarn vor und werden sehr freundlich begrüßt. Die Nachbarin aus der Wohnung über uns wird richtig gesprächig, erzählt uns etwas auf Schweizerdeutsch, und sie wirkt dabei richtig nett. Allerdings verstehe ich – gar nichts, kein einziges Wort. Dominik, der schon ein bisschen mehr Training in der Disziplin des Schweizer-Dialekt-Verstehens hat, scheint sich hingegen der Sinn ihrer Worte zu erschließen. Jedenfalls sagt er etwas dazu. Nur ich stehe dümmlich lächelnd herum und hoffe inständig, dass mein Gegrinse nicht völlig unpassend ist. Bisher sind alle, mit denen wir gesprochen haben, stets ins Hochdeutsche gewechselt, wahrscheinlich, weil sie davon ausgehen, dass Deutsche sie nicht verstehen. Ein durchaus feiner Zug, muss ich sagen. Sonst wäre ich nämlich aufgeschmissen in diesem Land. Was ich in diesem Augenblick noch nicht ahne: Auf dieses Entgegenkommen werde ich noch eine ganze Weile angewiesen sein.

Wenige Wochen in der Schweiz machen mir außerdem klar: Nicht nur die Sprache ist schwerer zu verstehen als erhofft. Vieles ist anders hier, und selbst alltägliche Handlungen bergen ungeahnte Herausforderungen. Wie etwa die Mülltrennung und das Waschen von Kleidung. In der Schweiz ist es in sehr vielen Mehrfamilienhäusern üblich, dass sich die Bewohner einen Waschkeller teilen. Auch bei uns im Haus gibt es einen solchen Keller mit genau einer Maschine und einen *Tumbler* für alle Mieter der zehn Wohnungen. Und es gibt einen Waschplan. Dieser sieht vor, dass sich jede Wohnpartei einmal in der Woche in eine Fünf-Stunden-Waschschicht einteilt, zwei Termine sind in Abstimmung mit den Nachbarn zum Glück kein Problem. Über eine Chip-Karte bezahlt man seine Gerätebenutzung. Dazu gibt es zwei Trockenräume mit einer Art riesigem Föhn. Eine praktische Sache im Winter, wobei es auch verboten ist, die Wäsche in die Wohnung zu hängen. Als ich eine Nachbarin auf dem Flur treffe, nutze ich die Gelegenheit und bitte sie, mir zu zeigen, wie das alles funktioniert. „Da ist die Waschmaschine, die brauch ich dir ja nicht zu erklären." Stefanie lächelt mich an. Gott, ist das peinlich! „Na jaa. Die sieht ganz anders aus als die Geräte, die ich kenne. Würdest du mir kurz was dazu sagen?" Sie lässt es mich netterweise nicht spüren, sollte sie sich in diesem Moment über mich wundern – höflich formuliert. „Und hier hängen noch die Regeln für die Trockenräume, die werden nach jeder Benutzung geputzt", beendet Stefanie ihre geduldigen Erklärungen. Mein erster Gedanke: Das kann doch gar nicht wahr sein, wie soll ich mich denn daran gewöhnen, immer nur nach Plan zu waschen – und überhaupt, wie umständlich!

Bereits nach dem zweiten Waschen spricht mich eine andere Nachbarin an: „Du hast noch Wäsche unten, nicht wahr? Ich übernehme das Putzen für dich, meine Wäsche ist bereits fertig, und ich möchte sie gerne direkt aufhängen." Weder ihr Gesicht noch die Stimme verraten Verärgerung, sie ist absolut freundlich. Und dennoch werde ich das Gefühl nicht los, dass sich ein Appell dahinter verbirgt: Mittwoch waschen, Freitagvormittag abnehmen – das scheint zu lange zu sein.

Wieder treffe ich eine Nachbarin auf dem Flur. Sie fragt: „Wie macht man das denn, einfach so Familie und Freunde zurücklassen? So was kann ich mir für mich gar nicht vorstellen." Wie erkläre ich das auf die Schnelle? Ich versuche, ihr grob unsere Beweggründe zu erläutern und schließe an: „Und natürlich vermissen wir unsere Freunde und Familien. Wir werden die Festtage aber hier bleiben, um etwas zur Ruhe zu kommen." Verblüfft hakt sie nach: „Ihr bleibt Weihnachten hier? Alleine?! Ach so ..."

Ich kann mir nicht helfen, in mir wächst der Verdacht, dass unsere Nachbarn uns etwas merkwürdig finden. Junges verheiratetes Paar, ohne Kinder, in einer Wohnsiedlung mit vielen Familien, Weihnachten ganz alleine, weit weg von Zuhause ...

Allerdings erleben wir unsere Nachbarschaft von den ersten Tagen an als sehr kontaktfreudig. Dass wir damit das große Los gezogen haben, ist uns in diesem Moment gar nicht klar. Derart nette und offene Nachbarn würden manch anderen Schweizern ein Staunen abverlangen. Regelmäßig werden wir gefragt, wie es uns geht, wie wir uns einleben, und auch umgekehrt erzählen unsere Nachbarn aus ihrem Leben.

Unser erstes Silvester in der neuen Heimat starten wir zu Hause, richtig schweizerisch, mit einem köstlichen Käsefondue. Wir haben uns extra einen *Caquelon* gekauft. In unserem roten Keramiktopf schmelzen wir die bereits fertig im Supermarkt gekaufte Käsemischung aus Vacherin und

Greyerzer, noch Weißwein, Knoblauch und ein Schnäpschen dazu – fertig. Während wir unsere Brotstückchen und Kartoffeln in den Schmelz tunken, sinnieren wir ein wenig über das vergangene Jahr. Dass unsere Reise in der Region des Gardasees erst dieses Jahr war? „Der Urlaub erscheint mir Lichtjahre entfernt, es ist so unfassbar viel geschehen seitdem." „Ich hätte einen Vorschlag für einen Neujahrsvorsatz." „Ach, an die hält man sich doch eh nicht", erwidere ich, während Dominik auf seinem Brot kaut. „Das wäre aber schön! Was hältst du davon, dass wir uns vornehmen, so viel von der Schweiz zu sehen wie möglich? Was meinst du?" Dominik sieht mich mit leuchtenden Augen an. „Okay, das ist wirklich ein super Plan. Nutzen wir die Zeit hier, so gut wir können – wer weiß, wie lang sie sein wird."

Später am Abend steigen wir warm angezogen, einen Sekt in der Tasche, in die S-Bahn nach Zürich. Knapp zwanzig Minuten dauert die Fahrt, und so, wie es aussieht, sind wir nicht die Einzigen, die auf diese Idee gekommen sind. In der Stadt erwartet uns ein Meer von Menschen. Angeblich sollen um die 200 000 Besucher kommen. Und der nicht abreißende Strom von Menschen, die vom Bahnhof Stadelhofen zielsicher in Richtung Seeufer steuern, lassen mir diese Zahl mehr als realistisch erscheinen. Ein wenig mulmig wird mir schon zumute. So viele Menschen, etliche bereits arg angetrunken, und nicht wenige mit Böllern und Raketen ausgerüstet. Wobei das Abfeuern von eigenem Feuerwerk aus Sicherheitsgründen eigentlich strikt verboten ist.

Wir marschieren über den großen Schotterplatz vor der Oper, der gerade modernisiert wird, und bahnen uns einen Weg zum Zürisee. „Wow, wie halten die Mädels das aus?" „Was meinst du? Die Miniröcke und High Heels?", grinst Dominik, während er drei jungen Frauen nachschaut. Ich freue mich jedenfalls über meine warmen, flachen Lammfellstiefel. Gut, die sind nur halb so stylish, dafür aber die deutlich bequemere und wärmere Variante.

„Sag mal, ist das für so kleine Kinder nicht viel zu laut?" Dominik deutet auf Familien, die mit Kinderwagen oder Bauchbeutel ihre Säuglinge durch die Masse bugsierten. Zürich erscheint mir an diesem Silvesterabend vor allem ein Schmelztiegel der Nationalitäten. Es herrscht ein fröhliches Durcheinander von Sprachen, angefangen bei Englisch über Französisch bis zu Italienisch und einem für meine Ohren osteuropäisch als auch arabisch klingendem Stimmengewirr. Es verlockt uns, nach der passenden Person zu der Sprache Ausschau zu halten und zu überlegen, wo diese wohl ursprünglich ihre Wurzeln hatte. Offen bleibt die Frage: Tourist oder *Wohnbürger*?

„Hast du eigentlich schon Schweizerdeutsch gehört?", entfährt es mir. „Mich beschleicht etwas das Gefühl, dass sich kein Einheimischer dieses Geschiebe und Gedrängel am Seeufer antut."

„Doch, doch, die Gruppe dahinten auf jeden Fall." Dominik lehnt den Kopf leicht nach links. Im Verlauf des Abends nehme ich dann auch immer wieder die Stimmen der Einheimischen wahr. Vor allem viele ausgesprochen junge Schweizer feiern ausgelassen dem neuen Jahr entgegen. Es ist eine schöne Mischung aller Altersgruppen, sozialer Stellungen und Nationalitäten, die erstaunlich friedlich miteinander das neue Jahr begrüßen möchten.

Wir ergattern einen der begehrten Plätze mitten auf der Quaibrücke, die sich über den Zürisee erstreckt, dort, wo er sich in die Limmat verengt. Sonst herrscht hier reger Auto- und Tramverkehr, doch nun dient die Brücke den Feiernden als Tummelplatz. Im Internet hatte ich gelesen, dass beim „Silvesterzauber" in Zürich die Kirchenglocken den Jahreswechsel beläuten würden. Viele Menschen machen aber leider auch viel Lärm.

„Hörst du was? Es müsste doch schon zwölf Uhr sein." Um uns herum erklingen ähnliche Fragen. Peu à peu merken alle Umherstehenden, dass das neue Jahr wohl bereits gestartet hat. Es wird mit Sekt und anderen Alkoholika angestoßen, manchmal auch mit warmem Tee. Dominik und ich können es kaum fassen. Wir sind gerade in Zürich! Wir wohnen hier! Klirrend stoßen wir an: Auf in ein spannendes neues Jahr!

Plötzlich verlöschen alle Lichter um uns herum. Von einem Raunen der Menge begleitet wird es auf der Brücke völlig dunkel. Rund um das Seeufer beobachten wir, wie die Lichter ausgehen und Dunkelheit sich ausbreitet. Das Feuerwerk beginnt. Mit offenen Mund stehe ich dort und falle mit ein in die stimmliche Untermalung dieser lauten Knallerei. Welch ein Spektakel! Ein allgemeines „Ahhh", „Ohhh" und „Wow" begleitet jede neue Rakete in die Lüfte. Riesige bunte Gebilde erhellen den Nachthimmel. Von zwei Booten, die im See vor Anker liegen, werden die Raketen abgefeuert. Zwanzig Minuten lang können wir Goldregen, Palmen, bunten Glitzer, sogar leuchtende Würfel und Smileys bestaunen. Mit lautem Knall, riesig groß und faszinierend, begrüßt das Feuerwerk das Jahr 2013. Was für ein Erlebnis!

Wir sind uns einig: Diese Silvesterfeier hat sich gelohnt! Das möchten wir gerne noch einmal genießen – dann vielleicht gemeinsam mit Freunden. „Und dann fahren wir schon früher in die Stadt, um noch die Stände am Ufer zu erkunden." Ich stimme in Dominiks Idee ein: „O ja, es gibt so viele Köstlichkeiten zum Essen und auch Cocktails. Und in einer der Open-Air-Discos könnten wir uns unter freiem Himmel wieder warm tanzen." Aus dem Bummern der verschiedenen Musikangebote lässt hier auf der Brücke kaum ein Lied heraushören.

„Schau mal! Die stehen dort und pinkeln die Brücke runter!" Die Massen haben sich etwas gelichtet und geben den

Blick frei auf dieses ungewöhnliche Bild. „Das sind ja bestimmt zwanzig Männer! Schau mal, die Leute, die mit ihren eigenen Booten das Feuerwerk vom See aus anschauen, wollen nun unter der Brücke durch! Die finden das wohl nicht sehr witzig", kichert Dominik. „Nein, guck! Manche geben richtig Tempo, statt einfach zu warten." „Wer weiß, die Herren wechseln ja auch immer wieder, dauert vielleicht länger."

Lachend und kopfschüttelnd hake ich mich bei Dominik unter, und wir machen uns auf den Heimweg.

Januar

DAS NEUE JAHR BEGINNT RUHIG und gemütlich. Dominik hat noch ein paar Tage frei, und für das nächste Wochenende haben sich meine Eltern angekündigt. Endlich können wir ihnen unser neues Zuhause und Zürich zeigen. So ein paar Ecken kennen wir ja schon, die es anzusehen lohnt, selbst im tristen Januar.

Wir kommen gerade vom Einkaufen, als wir schwer bepackt im Hausflur fast in unsere Nachbarin laufen. *„Ah, hoi Caroline und Dominik! Ihr sind wahrschindli au am poste gsi. Wir gahts eu dänn so?“* Martina lacht uns fröhlich an. Sie ist Anfang dreißig, mit einem *Secondo* aus Italien verheiratet, und hat zwei süße Kinder. *Secondo* ist eine geläufige Bezeichnung für den Nachwuchs von Einwanderern. Auch bereits eingebürgerte Migrantenkinder werden mit diesem Ausdruck benannt, sie selber nutzen ihn positiv, es ist fast cool ein *Secondo* zu sein. Diesen wohlwollenden Anstrich verleiht aber nicht jeder Schweizer dieser Bezeichnung, im Gegenteil.

Martina war von Anfang an sehr freundlich und hilfsbereit zu uns. Es fällt mir nur etwas schwer, mit ihr zu plaudern, weil sie recht konsequent im Dialekt bleibt und auf Hochdeutsch nur dann wechselt, wenn ich mir nicht einmal mehr grob den Zusammenhang erschließen kann. Was noch sehr oft der Fall ist. Sie sagte mal, sie erwarte von Ausländern, dass sie sich anpassen, und dazu gehöre selbstverständlich auch die Sprache. Schon ihre Begrüßung gerade habe ich nicht ganz verstanden und frage nach. „Ich sagte sowas wie: Ihr seid wohl auch einkaufen gewesen! Wie geht's euch denn so? *Go poschte,* das bedeutet: einkaufen gehen. Es hat nichts mit der Post zu tun, was viele am Anfang denken."

„Ah, okay. Ja, wir waren gerade im Migros. Blöderweise haben wir nicht daran gedacht, dass es dort keinen Alkohol zu kaufen gibt. Nun werde ich gleich noch mal in den Coop gehen, um einen Wein zu besorgen." „Darf ich dir noch einen Tipp geben?" „Na klar – immer!" „Es heißt *die* Migros, weil es eine Genossenschaft ist. Ihr habt aber ja schon den Dreh raus, dass das ‚s' der *‚Migroh'* nicht gesprochen wird. Ach, noch ein kleiner Tipp, wir sagen nicht ‚Co-op'", Martina grinst. „Sprecht es lieber ‚Cohp' aus, dann fallt ihr weniger auf." Dominik und ich schauen uns mit großen Augen an. „Ihr Deutschen enttarnt euch immer als Touristen oder Neuzuzügler, wenn ihr das falsch aussprecht, und uns klingeln dann die Ohren." „Vielen Dank, Martina! Das werden wir in Zukunft beherzigen."

Dass die Migros eine Genossenschaft ist, war mir zwar bekannt, allerdings vergesse ich es leider im Alltag noch häufig. Es ist die größte Detailhandelskette der Schweiz und wurde 1925 von Gottlieb Duttweiler in Zürich gegründet. Er hatte unter anderem das Prinzip der „Volksgesundheit" festgelegt, wonach in den Migros-Märkten bis heute weder Alkohol noch Tabak verkauft wird. Die Migros ist inzwischen eine weitreichende Firmenkette mit diversen Tochterfirmen. „Wenn du Wein holen möchtest, kannst du auch gut zum Denner gehen. Da hat es oft tolle Angebote", erklärt Martina weiter. Zur Migros-Familie gehören neben jenem Denner auch eine Buchkette, Sportläden, Elektrofachmärkte, Tankstellen etc.

Was mir bei den ersten Einkäufen im Supermarkt besonders auffält, ist die üppige Auswahl an Käse. Zwar hat man es schwer, wenn man holländischen Gouda bevorzugt, den muss man suchen. Doch dafür gibt es Bergkäse in allen erdenklichen Variationen einfach so im Supermarktregal.

Vor allem regionale Produkte, vom Luzerner Rahmkäse über Heidi Bergblüten-Käse bis hin zum klassischen Greyerzer.

Dieses Bewusstsein für Regionales oder zumindest Nationales springt mir bei den vielen Produkten ins Auge. Das Fleisch kommt zum Großteil aus der Schweiz, entsprechend teurer ist es als von Deutschland gewohnt. Und auch sonst – überall wo Schweiz drin ist, steht es auch werbewirksam drauf. Das ist schließlich ein schlagendes Verkaufsargument – vom Obst bis zu den Kartoffelchips.

Am Abend geht's mit der S-Bahn zum Flughafen in Zürich-Kloten, meine Eltern abholen. Der größte Flughafen der Schweiz liegt nur etwa dreizehn Kilometer nördlich der Stadt. Was durchaus praktisch ist, aber regelmäßig für heiße Diskussionen über Flugrouten und Lärmschutz sorgt.

Bereits der Weg zurück zu unserer Wohnung bietet Gesprächsstoff genug. „Wirkt ein bisschen wie ein Hotel, nur vielleicht nicht so luxuriös", mustert meine Mutter die großen Häuser in Bahnhofnähe. Wir wohnen in einer der Agglomerationen, die sich um Zürich ausgeweitet haben. Und ich muss gestehen: Viele dieser Ansammlungen von Wohnhäusern üben auch auf mich den Charme einer Feriensiedlung aus, nur wirken sie leider manches Mal trister als ihre Geschwister aus dem Urlaubskatalog. Große Gebäude mit vielen Wohnungen, zu jeder gehört in der Regel ein Balkon. Hielt ich früher solche *Quartiere* eher für Viertel, in denen sich Menschen ansiedeln, die etwas weniger Geld zur Verfügung haben, scheinen sie mir mittlerweile eher die ganz normale Wohnform zu sein. Mietwohnungen gibt es in allen Variationen – von der gehobenen Luxusausstattung mit Fußbodenheizung und schicker Kochinsel bis hin zu „die Wohnung könnte mal eine *Renovation* vertragen". Zu mehrgeschossigen Komplexen zusammengefasst sind sie aber fast alle.

Während wir ein Käsefondue essen (wie lange es wohl dauert, bis ich es nicht mehr sehen kann – wenn wir das nun mit jedem Gast machen?), begutachtet meine Mutter die Küche. „Die gehört zur Wohnung, oder?" „Ja, sehr praktisch! Es ist üblich, dass in der Schweiz eine Einbauküche dazu gehört, oft auch noch ein schöner großer Balkon, Waschmaschine und Trockner. Und unter dem Spielplatz, den ihr eben gesehen habt, liegt eine Tiefgarage." „Ach, und da hat dann jeder aus den vier Häusern, die hier um den Spielplatz stehen, Zugang?", interessiert sich mein Vater. „Ja, man kann dort einen Stellplatz mieten. In unserem Fall ist der Parkplatz ziemlich schmal und kostet 1500 Franken im Jahr extra. Wir haben leider keine große Wahl. Um die Häuser herum gibt es einige Besucherparkplätze oder solche, die per Kennzeichen angeschrieben und damit ebenfalls vermietet sind", erwidert Dominik.

„Wolltet ihr nicht eigentlich in der Stadt wohnen?", fragt meine Mutter. „Zuerst schon. Es war aber wenig zu finden, was in einem Preis-Leistungs-Verhältnis stand, das uns angemessen erschien. Die Wohnungen in Zürich sind häufig sehr teuer. Und dabei nicht selten so weit vom Zentrum entfernt, dass wir von hier aus sogar schneller in der Innenstadt sind", antworte ich.

Schnell hatten wir begonnen, bei der Wohnungssuche im Internet ein Limit für die Obergrenze des Mietpreises einzugeben. Damit wurde das Ganze vor allem in Zürich City deutlich eingeschränkt. Irgendwann fragten wir uns aber doch, warum für die rechte Uferseite des Zürisees keine einzige Wohnungsanzeige herauskam. Diese Gegend und die Gemeinden, die südlicher am See gelegen sind, befinden sich wegen der sonnigen Lage an der sogenannten Goldküste. Durch Zufall und noch völlig unwissend hatten wir einen Teil der Gegend bei unserem ersten Besuch im Sommer erkundet. Viele schön sanierte Altbauten mit Blumen vor den Fenstern, an jeder Ecke eine Vespa vor der Tür, große Bäume in den Straßen und Vorgärten. Alles wirkte gepflegt, grün und gemütlich. Wie Urlaub. Diese Sonnenseite des Zürilebens muss man aber auch bezahlen können: Eine Wohnung mit siebzig Quadratmetern kostet nicht selten 3000 Franken im Monat und mehr. Später lasen wir dann, dass dies eben die berühmte Goldküste ist und zu den wohlhabendsten und teuersten Gegenden überhaupt zählt. Wer etwa in den Seegemeinden Zollikon, Küsnacht oder Uetikon leben möchte, braucht das entsprechende Einkommen. Die Küstenregion lockt zwar mit günstigen Steuersätzen, aber durch die immensen Immobilienpreise findet sich dort eher die sehr gut betuchte Gesellschaft ein. Wer gar ein Reihenhäuschen besitzen möchte, der sollte bereit sein, mindestens zwei Millionen zu investieren.

Überhaupt: Die Mietpreise haben mich ja schon umgehauen, aber kaufen? Die Preise übersteigen meine kühnsten Träume, dafür muss es nicht mal die Goldküste sein. Zuletzt hatten wir einen Flyer im Briefkasten: Für eine schöne neue Viereinhalbzimmerwohnung in einem Dorf in der Nähe von Zürich lautet das verlockende Angebot: ab 945 000 Schweizer Franken. Wohnungen gibt es auch schon mal etwas günstiger, aber Häuser? Für ein nicht mehr neues kleines Häuschen in einem Dorf bewegt man sich meist in einem ähnlichen Preissegment, nicht selten gar darüber.

Und trotzdem erstaunt es mich, als Stefanie erklärt, dass sich die meisten Einheimischen ein Haus nicht etwa kaufen, um es wirklich zu besitzen. Es gibt Steuervergünstigungen während der Kreditbegleichung. Das lohnt sich finanziell so sehr, dass kaum jemand anstrebt, schuldenfreier Eigentümer zu sein. Ist das Haus abgezahlt, nehmen viele erneut einen Kredit auf, um beispielsweise einen Anbau oder ein neues Bad zu realisieren, damit sie eben dank des

Schuldentilgens weiterhin Steuern einsparen können. Ein interessantes Prinzip. Und befremdlich.

„Die Ansammlungen von Wohnhäusern in den *Agglos* haben zwar oft keinen richtigen Dorfcharakter", ergänzt Dominik meine Antwort, „aber es ist wirklich okay hier. Wir haben gute Einkaufsmöglichkeiten um die Ecke. Der Greifensee ist nicht weit weg, und in der Stadt sind wir auch schnell." Höre ich da ein Fünkchen Rechtfertigung heraus? Immerhin, es war nicht leicht für ihn, ganz allein die Entscheidung für eine Wohnung zu fällen. Zwar konnte ich in Bochum Fotos begutachten, und immer wieder haben wir uns am Telefon ausgetauscht. Aber live sehen konnte ich unser neues Zuhause erst, nachdem der Mietvertrag bereits unterschrieben war. Die Wohnungssuche gestaltete sich zäh und mühsam. Zürich und Umgebung sind äußerst beliebt, entsprechend hart ist der Wohnungsmarkt. Knapp jeder fünfte Ausländer, der in die Schweiz zieht, sucht eine Bleibe im Kanton Zürich, jeder Zehnte in dieser Stadt. Hatte Zürich im Jahr 2000 noch knapp 361 000 Einwohner, waren es 2012 rund 394 000. Inzwischen hat die Stadt einen Ausländeranteil von 31 Prozent. Und wenn man die Menschen mit Migrationshintergrund mitrechnet, liegt dieser Anteil bei gut 40 Prozent. In der Schweiz leben knapp acht Millionen Menschen, alleine 1,9 Millionen davon im Metropolraum Zürich. Da ist es im Vergleich zu anderen Gebieten doch schon kuschelig eng hier rund um die *Limmatstadt*.

Mehr Bewohner brauchen auch mehr Wohnraum, und so ist die Konsequenz, dass die Mieten gestiegen sind, neue Häuser gebaut werden, und dies eben nicht nur in der Stadt, sondern auch in den Gemeinden drum herum. Wo viele Menschen *zügeln*, also umziehen möchten, halten die Hausverwaltungen, die meist für die Ernennung der Mieter zuständig sind, das Zepter in der Hand. Unerlässlich ist da etwa der *Betreibungsauszug* – ein Zettel, der bescheinigt, dass wir eben keine *Betreibungen* (also Schulden) haben, der somit die Zahlungsfähigkeit der potenziellen Mieter belegen soll. Dabei ist es völlig egal, ob man zu diesem Zeitpunkt erst fünf Tage oder bereits fünf Jahre in der Schweiz lebt, es wird erwartet, bei der Bewerbung um eine Wohnung dieses Schreiben im Original abzugeben. Und allein das geht schon ins Geld. Ein Exemplar kostet satte 17 Franken, und gewöhnlich bekommt man nicht gleich die erste Wohnung, sodass mehrere Betreibungsauszüge anfallen. Bewerbung ist übrigens ganz wörtlich zu verstehen. Bei einer Besichtigung gab der aktuelle Mieter den Tipp, in jedem Fall eine Art Anschreiben zu formulieren. Darin sollten der Beruf, als auch Referenzen genannt werden und am besten noch zwei Sätzchen zur privaten Situation. Und wenn man keine Haustiere hat und kein Instrument spielt: unbedingt erwähnen! Denn das spricht ja für einen ruhigen Mieter. Das Ganze nur, um die Chance zu erhöhen, eine normale Wohnung mieten zu „dürfen".

„Und bei dir hat die Hausverwaltung wirklich beim neuen Arbeitgeber angerufen, Dominik?", fragt meine Mutter ungläubig. „Nicht nur das. Sie haben sich bei meinem neuen Chef nach mir erkundigt, auch um zu erfahren, ob meine Gehaltsangabe der Wahrheit entspricht. Den vorherigen Vermieter haben sie ebenfalls angerufen und nachgefragt, ob wir anständige Mieter waren und immer pünktlich gezahlt haben." „Na, zum Glück habt ihr recht schnell diese schöne Wohnung gefunden und bekommen." Der Blick meines Vaters schweift noch mal durch die Küche und den Wohnraum. „Ja, wir sind zufrieden hier. Vor allem scheinen wir echt nette Nachbarn zu haben. Das ist viel wert", erwidere ich.

„Aber sagt mal, wie ist das denn jetzt, zahlt ihr wirklich weniger Steuern, oder ist das ein Gerücht?" „Es stimmt schon, der Satz ist selbst für uns geringer als in Deutschland. Je nach Kanton können die Steuersätze sehr unterschiedlich ausfallen. Deshalb wählt manch einer seinen Wohnort tatsächlich nach dem Steuersatz aus. Das föderale Prinzip in der Schweiz geht so weit, dass die 26 Kantone und ihre Gemeinden einen großen Gestaltungsraum hinsichtlich der Steuersätze haben." „Sechsundzwanzig? Kantone sind doch vergleichbar mit Bundesländern, oder?" Verwunderung schwingt in den Worten meines Vaters mit, als er Dominik unterbricht. „Ja, genau. Wir üben auch schon, sie aufzählen zu können", zwinkert Dominik in die Runde. „Spannend wird es noch mal, wenn wir nicht mehr die Quellensteuer zahlen, der Steuerbetrag also nicht mehr direkt vom Arbeitgeber an den Staat weitergeleitet wird." „Ach, wie läuft das denn hier sonst?" Nun macht auch meine Mutter ein verblüfftes Gesicht. „Normalerweise spart man seinen Steuerbetrag und zahlt sie einmal im Jahr. Es sei denn, man ist wie wir ein Ausländer ohne Niederlassungserlaubnis", erklärt Dominik.

Als die Zeitungen einige Ergebnisse einer Studie zur Steuerbelastung in der Schweiz zitierten, gab es darunter folgende Bespiele: Wenn ein „lediger Kleinverdiener" ein Bruttogehalt von 50 000 Franken verdient, bezahlte er 2012 in Zug gerade mal 1551 Franken an Kantons-, Gemeinde- und Kirchensteuern, was 3,1 Prozent des Einkommens entspricht. Fast vier Mal mehr, also über 11 Prozent müsse sein Pendant in Neuenburg abliefern. Zum Vergleich zahlt ein Familienvater mit zwei Kindern bei einem Jahreseinkommen von 100 000 Franken in Zug im Jahr 2012 nur 1,7 Prozent und in Neuenburg 10,1 Prozent an den Fiskus. Steuerlich ist Zug sehr attraktiv, was sich aber auch in den Mietpreisen widerspiegelt.

Der Samstagmorgen beginnt mit glitzerndem Frost. Wir sind guter Stimmung, als wir mit der S-Bahn in die Stadt fahren. „Den Autoverkehr habe ich in Zürich bislang nur als Horror erlebt, vor allem an einem Samstag will man sich das wirklich nicht antun", erklärt Dominik. „In Zürich lässt sich ohnehin alles bestens mit dem ÖV erreichen." „Super finde ich, dass man mit einem Ticket alles nutzen darf: Zug, U-Bahn, Tram und sogar Wasser-Taxis", ergänze ich begeistert. Und genau das ist auch das Ziel der Zürcher Verkehrspolitik: weniger PKWs in der Stadt. Das wird zusätzlich durch den Abbau von Parkplätzen „gefördert". Die sind tatsächlich rar.

Dafür bietet Züri seinen Besuchern eine kostenfreie Alternative zum Fußgänger-Dasein: ein Fahrrad. Als wir letzten Sommer bei unserem ersten Besuch mehr als nur den Stadtkern kennenlernen wollten, taten wir dies mit dem Angebot *„Züri rollt"*. Eine kleine Kaution, und es kann losgehen mit einem gewarteten *Velo*. Dies gibt man dann einfach an einer der verschiedenen Stationen gegen die Kaution zurück. Prima Sache.

Da wir den Herren in unserer Runde nicht gleich die Laune verderben wollen, sparen wir uns erst mal den Bummel durch die Bahnhofstraße und die vielen Kleidungs-, Schuh- und Schmuckgeschäfte. Wir gehen über den *Perron*, den Bahnsteig, zielstrebig in Richtung Bahnhofshalle. Deren große Fläche wirkt derzeit regelrecht leer, standen doch hier zuletzt die Weihnachtsmarktbüdchen. „Das ist ja eine witzige Figur!" Meine Mutter zeigt mit dem Finger auf die dicke Frau im Badeanzug, die unter der Decke der Bahnhofsdachs hängt. „Ich glaube, das soll ein Engel sein, der die Reisenden beschützt." Genau genommen handelt es sich bei der 1,2 Tonnen schweren Dame mit den goldenen Flügeln um eine der fröhlich-voluminösen Nana-Figuren, durch welche die französisch-schweizerische Künstlerin Niki de Saint Phalle berühmt wurde.

Wir überqueren die Limmat und steuern das Niederdorf

an. Einen jener Plätze, die mich völlig verzückt haben. Dieser Teil der Altstadt zieht Touristen und auch so manch einen Einheimischen magisch an. Die bunten Häuserfassaden, teils mit Fensterläden, wirken fast schon mediterran. Und die autofreie Straße, die parallel zur Limmat Richtung See verläuft, bietet für jeden etwas: Geschäfte, Restaurants, Bars, Antiquitätenläden. Im Sommer stehen unzählige Stühle im Freien, hier und da unterhalten Straßenmusiker die Gäste. Wer während der warmen Jahreszeit mal den Kopf in den Nacken legt, wird feststellen, dass auf den hohen Häusern Dachterrassen den Städtern eine grüne Oase bieten. Wir schlendern durch die schmalen Gässchen, die sich rechts und links von der Niederdorferstrasse abzweigen.

„Was haltet ihr davon, wenn wir etwas essen gehen? Ich habe Hunger, und mir friert gleich die Nase ab. Wir laden euch ein, Kinder!" Mein Vater schaut uns auffordernd an. Ja, ja, Kind bleibt man wohl ewig, selbst man bereits die dreißig überschritten hat. „Können wir gerne machen. Was haltet ihr von Pizza? Das sprengt dann nicht komplett das Wochenendbudget." Wir hatten das Thema eben schon. Der kleine Hunger zwischendurch trieb uns an einen Würstchenstand – der Preis von 7,50 Franken hat meinem Vater allerdings den Appetit verhagelt. Das dürfte wohl die erste Reaktion der meisten Touristen und Zuzügler in der Schweiz sein. Plötzlich zahlt man für ein Stück Kuchen eher 8 Franken statt 3,50 Euro, und den *Kaffee Creme,* also einen schwarzen Kaffee, gibt es für 4,20 Franken dazu.

Für uns erschließt sich der neue Preisdschungel nach dem „Mal-zwei-in-Schweizer-Franken-Prinzip". Hört sich kompliziert an, ist es aber nicht, und außerdem hilft uns diese Denkweise dabei, dass wir uns an die neuen Preise gewöhnen. Hinzu kommt ein zweites Prinzip: Hinnehmen! Etwas anderes hilft nicht. Der Wechselkurs liegt relativ stabil, für 1 Euro gibt es etwa 1,20 Franken. Außerdem gilt:

Weniges ist günstiger, manches gibt es zum gleichen Preis, und vieles ist etwas bis deutlich teurer als in Deutschland. Bei den Mieten passte das „Mal-zwei-in-Schweizer-Franken-Prinzip“ bestens. Hätte man in Aachen oder Bochum für 90 Quadratmeter gut 1000 Euro bezahlt, sind es hier (außerhalb der Stadt, versteht sich) 2000 Franken.

Wir steuern eine gut besuchte Pizzeria an. Schön warm ist es hier, und der verführerische Duft von Knoblauch und Kräutern lässt unsere Magen knurren. Ein Blick in die Karte zeigt erneut die andere Preiswelt: Die Margherita kostet 17 Franken, die feine Pizza mit Spinat und Crevetten gibt es für schlappe 29 Franken.

Ich beobachte das Naserümpfen meines Vaters, aber er sagt nichts. Sehr erleichternd, denn das gehört zu den Dingen, die einem Schweizer den letzten Nerv rauben: Wenn Touristen lauthals über die Preise schimpfen. Nun ja, für jeden, der keine Schweizer Franken verdient, ist es hier aber auch de facto eines: teuer.

Die Speisekarte gibt unseren Besuchern auch ein paar kleine Rätsel auf: „Was ist ein *Nüsslisalat*?“ „Feldsalat“, antworte ich, erfreut darüber, dass ich es weiß. „Und *Zucchetti*?“ „Das sind Zucchini. Beachtet bitte noch, dass *Peperoni* hier die deutsche Paprika sind. Wenn irgendwo *Paprika* steht, ist damit normalerweise das Gewürz gemeint.“ „Ach, okay. Und was ist *Thon*?“ Nun stutzt auch mein Vater. „Thunfisch. Und *Poulet* ist Hühnchen.“ Während ich antworte, fällt mir auf, wie viele Begriffe doch anders sind, und das, obwohl die Karte auf Hochdeutsch geschrieben ist. Es gibt nicht wenige von diesen Helvetismen, den besonderen Bezeichnungen im Schweizer Hochdeutsch. „Jetzt muss ich noch mal fragen, sorry. Was sind *Baumnüsse*? Und *Randen*?“ Glücklicherweise hatte Dominik durch seine Arbeitskollegen viele hiesige Namen für Lebensmittel schon gelernt: „Baumnüsse sind Walnüsse, und Randen ist rote Beete.“

Der Kellner, der die großen, köstlich duftenden Pizzen vor uns abstellt, wünscht uns freundlich *„En guete!"*. Und wieder blicken wir in fragende Gesichter. „Heißt so viel wie: Guten Appetit!" Im Stillen bin ich erleichtert, dass ich mit dieser Speisekarte zurechtkomme. Immerhin. Das ist ein Anfang.

„Ach übrigens, wenn etwas riecht, dann sagt man in der Schweiz, es *schmöckt*." „Es schmeckt?", hake ich nach. „Mein Kollege Reto hat es mir erklärt. Wenn man irgendwo eingeladen ist, und es duftet lecker nach Essen, sollte man nicht sagen: ‚Hm, wie das riecht.' Denn das könnte negativ ausgelegt werden, gar beleidigend. Besser: *Es schmöckt fein*. Mit ö." Dominik wirkt stolz angesichts seiner neusten Erkenntnisse. Ich hatte ja geahnt, dass das Leben in einem fremden Land mit Fettnäpfchen aufwartet, die man auch beim besten Willen nicht umgehen kann, wenn einen keiner darauf hinweist.

Während der Kellner die Teller abräumt, fragt er freundlich *„Ischs guet gsi? Dörfs no öppis si, Dessert oder Espresso?"* Bei der Frage nach dem *Dessert*, höre ich die andere Betonung in der Schweiz deutlich heraus. Ich hatte gelesen, dass auf der ersten Silbe betont wird, vorstellen, wie es klingt, konnte ich es mir nicht. Beim *Des*sert, *We*Ce oder *A*péro hört man sich dann schnell ein.

Wir belassen es bei den Pizzen, und ich leite den Aufbruch ein: „So Leute, nun muss noch ein wenig Sightseeing her!" Satt und motiviert stapfe ich los. „Och, aber nicht zu viel, okay? Wir kommen ja noch mal wieder." Mein Vater steht nicht sehr darauf, stundenlang durch die Stadt zu rennen, von Kirche zu Museum und Brunnen. Aber da muss er jetzt durch. Wir gehen nur wenige Schritte, da öffnet sich die schmale Gasse zu einem schönen offenen Platz. „Tataaa! Das *Grossmünster*! Und dort gehen wir jetzt rauf." Begeistert deute ich auf einen der beiden Zwillingstürme, die als Wahrzeichen Zürichs unzählige Postkarten zieren. „Im Ernst jetzt?", fragt mein Vater halb im Scherz. „Ja, denn dort oben hat Dominik mir damals den Heiratsantrag gemacht." Mein Grinsen zieht sich von einem Ohr zum anderen. „Und wusstet ihr, dass der Bau dieser Kirche von Karl dem Großen veranlasst wurde und der Turm da oben auch Karlsturm heißt?" „Öhm, nö. Ihr redet also von *dem* Karl dem Großen, der auch den Aachener Dom bauen ließ?" Wir nicken gleichzeitig. „Das ist ja richtig romantisch!" Meine Mutter lächelt verzückt, und Dominiks Wangen färben sich in jenem zarten Rosa, das nicht vom kalten Wind herrührt. „Also los, rein da!", scheucht mein Gatte uns durch die große Holztür.

Die Wendeltreppe ist düster und sehr eng, die 187 Stufen sind ausgetreten. Dafür lohnt die Aussicht. „Wow, der Blick ist ja der Wahnsinn!" Meine Mutter lehnt sich ans Geländer. Kleinen Leuten reicht die Mauer fast bis zum Kinn. „Hier auf unserer Seite, das ist dann am Ufer entlang die Goldküste, von der wir euch erzählt haben. Hinter uns auf dem Züriberg liegt übrigens der Zoo und der Hauptsitz der FIFA." Sofort die volle Aufmerksamkeit! „Ach, die Fußballbosse sitzen hier in Zürich?" Der Blick meines Vaters richtet sich hinter uns in die vage Richtung des schicken Hauptquartiers. „Da vorne seht ihr, wie aus dem Zürisee die Limmat in die Stadt fließt, und uns gegenüber könnt ihr die Türme vom Fraumünster und von der Kirche St. Peter sehen. Der Hügel dort, das ist der Üetliberg." „Hügel?! Wie hoch ist der denn? Für mich ist das eindeutig ein Berg!" Meine Mutter ist auf dem flachen Land aufgewachsen. „Oh, ich glaube, um die 850 Meter", erwidert Dominik. „Aber das, das sind richtige Berge!" Eine ausladende Bewegung seines linken Arms unterstreicht die Fernsicht, die an diesem Tag nicht phänomenal, aber durchaus vorhanden ist. Am Horizont sehen wir schneebedeckte hohe Berge, es wirkt fast, als habe jemand ein riesiges Poster aufgehängt, so unwirklich erscheint die Szenerie in diesem Winterlicht.

„*Exgüse*. Darf ich fragen, ob Sie auch schon wissen, wie man die Seeregion am Üetliberg nennt?“ Ein älterer Herr neben uns schaut uns vergnügt an, ich schüttele den Kopf. Man hört heraus, dass er Schweizer ist, er spricht aber Hochdeutsch für uns als er fortfährt: „Sie wird *Pfnüselküste* genannt. Das ist ein etwas, na ja, nicht so freundlicher Ausdruck und meint sowas wie Schnupfenküste. Man sagt, die Bewohner dieser Seite des Sees haben häufiger Schnupfen und seien kränklich, weil sie ein Schattendasein fristen, da ihnen die Abendsonne nicht ins Gesicht scheint – im Gegensatz zu den Bewohnern der Goldküste, auf dieser Seite des Sees.“ Der nette Herr verabschiedet sich, und auch wir steigen die *Schtäga* runter. „Wie sieht’s aus, habt ihr Lust, noch mehr anzusehen?“ „Ganz ehrlich, es ist schon recht kalt. Ich fänd’s auch okay, wenn wir uns langsam auf den Rückweg machen und bei euch noch gemütlich plaudern. Wir sind ja wegen euch hier“, lächelt meine Mutter.

Wieder zuhause, bleibt mein Vater im glücklicherweise geheizten Hausflur stehen und deutet auf den kleinen Glaskasten gegenüber der Eingangstür, in dem Infos für die Mieter aushängen. „Wie alt ist denn euer Haus?“ „Von 1995.“ „Und ihr habt ernsthaft einen Luftschutzkeller?“ Seine Verblüffung steht ihm ins Gesicht geschrieben. „Ja. In der Schweiz gibt es extrem viele davon“, erwidere ich, und Dominik ergänzt: „Mein Kollege Reto erzählte mal, dass es für jeden Bewohner in der Schweiz zumindest einen schnell erreichbaren Platz in einem Schutzraum gibt.“ Im Jahr 2006 gab es sogar mehr Schutzraumplätze als Einwohner im Land. Es war seit den 1960er-Jahren gesetzlich vorgeschrieben, dass es in jedem Haus ab acht Zimmern entsprechende Schutzräume mit Panzertür und Belüftungsanlage geben muss. Und es ist eine Selbstverständlichkeit, dass in den meisten Häusern diese Anlagen im Keller liegen. Wenn man danach fragt oder Erstaunen darüber äußert, erntet man gar entsetzte Blicke: „Habt ihr das in Deutschland etwa nicht?!"

Doch inzwischen wird auch regelmäßig darüber diskutiert, ob diese Anlagen noch zeitgemäß seien, nicht zuletzt, weil sie einen beträchtlichen Kostenfaktor beim Hausbau darstellen. Erst vor kurzem wurde erneut beratschlagt, ob es nicht sinnvoller sei, den Neubau der Schutzräume komplett einzustellen. Aber anscheinend beeinflusste das Reaktorunglück in Fukushima die Debatte, denn entgegen der ursprünglichen Tendenz wurde beschlossen, dass diese Anlagen weiterhin für die Sicherheit des Volkes unerlässlich sind. Allerdings ist es nun nur noch bei *Überbauungen* mit mehr als 38 Zimmern Pflicht. „Wie krass! Scheinen ein wenig ängstlich zu sein, die Schweizer." In den Worten meines Vaters schwingt eine Mischung aus Ungläubigkeit, aber auch Bewunderung mit. Die Schweiz sorgt an dieser Stelle deutlich mehr für die Sicherheit ihrer Bürger, als andere Staaten. Ob dies nötig ist, werden wir hoffentlich nie erfahren.

Am nächsten Morgen höre ich meinen Vater im Bad fluchen. Er kommt herausgestapft und hält den Rasierer in der Hand „Habt ihr zufällig einen Adapter? Meine Güte, wir sind doch nur 650 Kilometer gefahren und nicht in Übersee!" Nach unserem Einzug hatte Dominik so manches Minütchen damit zugebracht, im Baumarkt neue Stecker zu kaufen, alte Kabel abzuschneiden, neue Stecker dran zu tüdeln. Denn ja, in der Schweiz gibt es andere Steckdosen. Damit wir nicht für Wasserkocher, Kaffeemaschine etc. die wenig dekorativen Adapter benötigen, war dies der einfachste Weg. Aber natürlich befinden sich auch noch zwei Adapter in Betrieb, so dass dem Rasierer geholfen werden kann.

Zum *Zmorge*, also beim Frühstück, machen wir uns über den Dreikönigskuchen her. Die zu einer Blüte angeordneten süßen Hefeteigkugeln sind mit Mandelplättchen sowie Hagelzucker bestreut, und es schmeckt köstlich. „Autsch", ruft meine Mutter aus. „Da war was Hartes drin!" Verdattert schaut sie uns an und zieht dann vorsichtig eine kleines, weißes Plastikteil aus ihrem Mund. „Das ist eine Figur!" Es wird immer seltsamer. Bis wir es endlich kapieren: Das ist der König im Königskuchen! Zum Glück sind noch alle Zähne dran, diesen Brauch kannten wir nicht. In der Schweiz werden jährlich rund eineinhalb Millionen Stück der Dreikönigskuchen verkauft, ein schweizweit verbreiteter Brauch. Da die meisten Familien ihre Backwaren heutzutage im Supermarkt oder beim Bäcker kaufen, finden an diesem 6. Januar wohl sehr viele ein weißes Kunststofffigürchen in ihrem *Weggli*. In der Tüte befindet sich zudem noch eine goldene Pappkrone – denn wer das Glück hat, den kleinen König zu finden, der darf sich die Krone aufsetzen und ist für den Rest des Tages der König oder die Königin der Familie. Vor allem bei Kindern ist es natürlich sehr beliebt, den Rest des Tages „der Bestimmer" sein zu dürfen.

Einige Tage später, meine Eltern hatten uns wieder verlassen, lässt der Blick in den Kalender meine Stimmung mal wieder Richtung Eiszeit rutschen. Der Monat ist nun fast rum, ich habe nur Absagen auf meine Bewerbungen erhalten, und es ist nichts, rein gar nichts in Aussicht. Die viele freie Zeit schlägt mir aufs Gemüt, genießen kann ich das nicht mehr. Die ersten vier Wochen waren schön, aber jetzt? So ohne Perspektive? Ich muss Geduld haben, ich weiß. Hin und wieder gibt mein Handy einen Ton von sich, meine Freundschaften pflege ich über dieses Ding und das Telefon – ein Hoch auf die Technik! Aber die Welt der anderen dreht sich weiter. Kinder und Arbeitsstellen, Freunde, Familie, all das fordert die Menschen mit einem geregelten Alltag. Da können sie natürlich nicht unentwegt auf ihrem

Mobiltelefon rumtippen. Und so sehr ich mich über jede Nachricht freue, so sehr quälen mich Fragen wie: „Und, was macht die Jobsuche? Nichts? Ach, das kommt schon noch! Was machst du denn jetzt den ganzen Tag?" Argh. Ich freue mich über die Anteilnahme und dass sich meine Freundinnen erkundigen, was in meinem Leben los ist. Wäre dies nicht so, wäre ich noch um ein Vielfaches einsamer. Aber was soll ich denn antworten? Ich sichte Stellenangebote, bastle an Anschreiben und Lebenslauf herum, ich schmeiße den Haushalt und backe unser Brot selber, ich habe ja Zeit dazu. Ansonsten informiere ich mich über alle möglichen und unmöglichen Wege, die mir einen Job beschaffen könnten, von Weiterbildung über Freiwilligendienste bis ich weiß nicht was. Immerhin kenne ich mich langsam etwas damit aus, wie das hier so funktioniert. Und darüber hinaus? Verkrieche ich mich in Romane. Ich lese extrem viel gerade. Winter und alleine sein in einem fremden Land! Dominik ist diese Woche auch noch geschäftlich verreist. Kein Wunder dass ich im Sumpf des Selbstmitleids versinke. Ich sollte jetzt sofort eine Freundin anrufen, danach geht es mir immer besser.

Februar

EIN PAAR KARNEVALSFLÜCHTLINGE aus Deutschland haben sich angekündigt. Und ich freue mich wie verrückt auf den Besuch unserer Freunde, eine Familie mit zwei kleinen Kindern. Auch das Wetter spielt mit und zaubert mit viel Schnee und Sonnenschein eine traumhafte Winterlandschaft.

Gerade möchten wir mit unseren Gästen das Haus verlassen, da treffen wir Anna, eine Nachbarin. Sie begrüßt uns in ihrer fröhlichen Art: *„Isch s'Wätter nöd toll? Gönder gi schlittlä?"* Da wir keinen Schlitten besitzen, nimmt sie Dominik kurzerhand am Arm und dreht ihn Richtung Treppe. „Wir haben im Keller noch zwei Schlitten von unseren Kindern, als die klein waren. Komm mit, die leihe ich euch. Der kleine Simon wird begeistert sein!" Unser vierjähriger Ritterfan betrachtet die Holzschlitten noch etwas skeptisch. Nun ja, ob er in seinem jungen Leben schon so viel Schnee gesehen hat? Im Rheinland gehört das ja nicht zum typischen Winterprogramm.

Mit der Schweizerischen Bundesbahn fahren wir in die Zentralschweiz, um dort mit der Zahnradbahn auf die Rigi-Kulm zu gelangen. Die Rigi-Bahn gilt als die erste Bergbahn Europas, sie wurde 1871 in Betrieb genommen und fährt inzwischen das ganze Jahr über. Oben, angekommen auf der „Königin der Berge", wie die Homepage verspricht, können wir es kaum fassen. Die heutige Fernsicht von diesem knapp 1800 Meter hohen Gipfel ist der absolute Wahnsinn!

Die Sonnenbrillen machen es erst möglich, sich richtig umzusehen. Der Schnee glitzert, er klebt förmlich an jedem

Gegenstand und zeigt dabei einzelne Kristalle, die wie fein gezeichnet wirken. Die Hochspannungsleitungen sind weiß ummantelt und die kleinen Tannen kaum mehr als solche zu erkennen. Sie sind so dick verhangen, dass sie mich unwillkürlich an diese rundlichen, aufblasbaren Tannenbäumchen erinnern, deren Aussehen eine Verwandtschaft zu Schwimmreifen nahelegt. An Zaunpfählen wird sichtbar, aus welcher Richtung der Wind über die flache Ebene des Gipfels fegte: Der Schnee an den Pfählen wirkt wie eine wehende Fahne, fast wie ein Dreieck klebt er an jedem Pflock. Es wirkt bizarr und wunderschön.

Das Panorama lässt uns abermals staunen. Gen Norden blicken wir über Ägerisee, Lauerzer- und Zugersee in Richtung Zürich. Im Nordwesten schauen wir auf das von weiteren Seen gesäumte Schweizer Mittelland bis zum Schwarzwald in Deutschland. Richtung Süden beeindruckt die hoch hinausragende, von Schnee bedeckte Alpenkette. Insgesamt kann man dreizehn Seen von hier oben zählen, und die Städte Luzern und auch Zug wirken aus dieser Perspektive winzig. „Wirklich imposant! Was haben wir ein Glück mit dem Wetter, traumhaft." Christoph ist ganz hingerissen und trägt seinen Sohn dabei auf den Schultern. Denn Simon ist mehr verschreckt als begeistert. Der tiefe Schnee, der ihn blendet. Und dann geht es hinter der Absperrung sehr steil in die Tiefe, da kann einem schon etwas mulmig werden.

Auch für mich ist diese Aussicht neu, und ich kann diese faszinierende Bergwelt gar nicht recht begreifen, möchte diese Aussicht regelrecht in mich aufsaugen. Ein Foto nach dem anderen entsteht, wie zum Beweis, dass all das hier tatsächlich existiert.

Die Rodelpiste liegt zu unseren Füßen, als würde sie nur darauf warten, dass wir endlich in Bewegung kommen. Plötzlich ertönt direkt neben uns lautes Gejohle, und eine Gruppe Männer in quietschbunten Kostümen flitzt in einem

Mordstempo auf großen schwarzen Gummireifen den Berg hinunter. „Ich geh lieber zurück zu Jule." Skeptisch schaue ich den Hang runter, nicht weniger ängstlich als Simon – wobei der gerade fasziniert den farbigen Perücken hinterherstarrt. Seine Mutter hatte sich gleich am Anfang unseres Ausflugs dafür entschieden, mit der nicht mal zweijährigen Tochter im Bergrestaurant die Aussicht zu genießen, Ovo zu trinken und mit der Bahn wieder ins Tal zu fahren. „Ach komm, dass ist superlustig!" Die Männer sind sich einig. Also gut, ich lasse mich zum zweiten Mal heute überreden. Und diesmal habe ich keine Gelegenheit mehr, es mir anders zu überlegen. So. Ich lebe jetzt in der Schweiz! Es sollte mir doch wohl nicht an Mut fehlen zu rodeln ... Auch wenn diese Berge viel höher und steiler sind als alles, was ich mit Schlittenfahren je verband. Mir entfährt ein resigniertes Seufzen, und auf geht's!

Tatsächlich, es macht einen Heidenspaß. Vergnügt sausen wir ein Stück die Rigi runter. Bis Christoph und ich einen Satz machen, kurz abheben und mit einem unschönen Geräusch eine ziemliche Bruchlandung hinlegen. „O nein!" Zwischen Lachen und Schreck wächst mein schlechtes Gewissen im Eiltempo, während wir uns den Schnee von der Kleidung klopfen. Der Schlitten hat das Manöver nicht überstanden, der ist hin. „Wir kaufen ihr gleich einen neuen. Dann wird sie hoffentlich nicht böse sein. Ich bin ja schuld." Christoph schaut verlegen drein. Noch auf der Hinreise hatte er uns lachend von einem ähnlichen Erlebnis berichtet. „Und in meiner zarten Jugend wog ich noch etwas weniger als heute." „Quatsch, wir haben beide darauf gesessen. Eigentlich kein Wunder, dass der arme Schlitten aufgibt." Etwas schief grinsen wir uns an und stapfen dann den sonnigen Hang hinab, den gebrochenen Schlitten hinter uns herziehend. Derweil rauscht Dominik mit Simon auf dem Rodel die Piste runter, ab und zu warten sie auf uns, um dann wieder lachend und johlend davonzubrausen.

Am Abend stehen wir betreten vor Annas Türe, den neuen Schlitten neben uns. Vor Scham möchte ich im Erdboden versinken. Da leiht uns eine neue Nachbarin ihre Schlitten und wir zerstören das Familienstück. So ungeschickt! „Ach, nun seid nicht albern. Nehmt den mit, ihr könnt ihn viel besser gebrauchen als ich. Es war doch ein altes Ding." Sie lächelt gewohnt freundlich, und ich hoffe inständig, dass sie wirklich nicht verärgert ist.

Der Aschermittwoch naht und mit ihm die Abreise unserer Freunde. Schweren Herzens verabschieden wir uns von ihnen.

Am selben Tag erhalte ich eine E-Mail von Heidi. Sie fragt, ob ich Lust habe, die Basler Fasnacht und den *Morgenstraich* kennenzulernen. Heidi ist die Tochter einer Arbeitskollegin meiner Mutter und hier in der Schweiz aufgewachsen. Seit der Kontakt über die Mütter hergestellt wurde, gibt sie sich viel Mühe, mir Dinge in der Schweiz näherzubringen und mir das Einleben zu erleichtern. Heidis Vater, ein gebürtiger Basler, hat sich angeboten, uns zu begleiten.

In den meisten Regionen der Schweiz startet der Karneval zur selben Zeit wie in Deutschland. So auch in der zweitgrößten Hochburg, in Luzern. Die *Lozärner Fasnacht* beginnt am *schmotzige Dunnschtig*, also den Donnertag vor Aschermittwoch. Die sogenannten *rüüdig verreckten Tage* bilden für viele Einheimische einen der wichtigsten volkskulturellen Anlässe der Schweiz. Einer der Höhepunkte ist der *Güdismontag*-Umzug. Neben vielen offiziellen Gruppen und deren Wagen sorgen vor allem auch die „wilden Fasnächtler" in Form von skurrilen Gestalten mit phantasievollen Masken und Kostümen für frohe, bunte Stimmung.

Und wie sollte es anders sein, auch unter den Schweizern wird kräftig darüber gestritten, wo nun die beste und schönste Fasnacht stattfindet. Wo gibt es also die einzig wahre Fasnacht – in Luzern oder in Basel?

Wie vereinbart holt mich Heidi in der Nacht von Sonntag auf Montag um halb zwei mit dem Auto ab. Was tut man nicht alles, um andere Kulturen kennenzulernen?

Die *drey scheenschte Däägi*, wie die Basler ihre genau 72 Stunden dauernde Fasnacht nennen, beginnt mit dem *Morgenstraich* um vier Uhr in der Früh. Ich traue meinen Augen kaum. „Hier sind ja irre viele Leute, es ist mitten in der Nacht!" Heidi lächelt wissend. Die Stadt ist angefüllt mit Menschen jeden Alters. Morgens um halb vier versuchen sie einen guten Platz zu ergattern, um von Beginn an alles im Blick zu haben. Zielstrebig führt uns Paul, Heidis Vater, durch die Gassen, und wir beziehen Stellung. Wie alle anderen erwarten wir gespannt den Start. Eingemummelt in dicke Jacken und mit Mützen auf dem Kopf wirken die Leute schon jetzt vergnügt, gar nicht müde. Und diese Stimmung steckt an: Ich bin hellwach und neugierig. Paul verrät mir noch ein paar Regeln: „Schalte auf jeden Fall den Blitz aus, wenn du Fotos machen möchtest. Blitzlicht ist störend, eigentlich machen das nur unwissende Touristen. Und ich möchte dich ein wenig vorwarnen: Bei der Basler Fasnacht werden gerne Witze gemacht, auch etwas böse. Ganz besonders gerne wird über die Zürcher hergezogen – und über die Deutschen. Da solltest du nicht zu sensibel sein. Das ist hier eben so." „Okay, das halte ich schon aus." Ich schaue ihn gutgelaunt an. Und denke: Superposition – eine Deutsche, die auch noch in der Nähe von Züri lebt. Aber in den Massen der Leute falle ich zum Glück nicht auf.

Schlag vier Uhr. Die Lichter der Stadt gehen aus. Die Geschäfte, Restaurants und Cafés haben ebenfalls die Lichter gelöscht oder die Fenster verhangen, damit nichts die Dunkelheit der Straßen erhellt – außer die Laternen. Zunächst ertönt das laute Geräusch der Trommler und Piccolo-Spieler, alle stimmen dasselbe Lied an. Die Laternen gleichen großen, erleuchteten Kunstwerken. Vier Träger sind nötig, um das Gestell mit der darauf stehenden Laterne zu heben. Auf vier Seiten sind Themen dargestellt, die sogenannten *Sujets* greifen regionale, aber auch internationale Themen auf, die für Aufregung gesorgt haben. Es sind eindrucksvolle Bilder und Zeichnungen, nicht immer erschließt sich der Sinn dahinter auf den ersten Blick. „Damit die Zuschauer verstehen, was die *Cliquen* mit ihrer Kunst ausdrücken möchten, wurden am Nachmittag Zettel dazu verteilt. Darauf kann man die Geschichte und Erklärungen dazu nachlesen. Ich finde das immer sehr spannend", erklärt mir Paul. *Clique,* damit sind die Fasnachtsvereine gemeint. Die Teilnehmer des Marschs sind verkleidet und haben oben auf ihren Masken eine kleine Lampe oder Laterne befestigt, sodass sie selbst zur laufenden Lichtquelle werden. Die Stadt ist in ein diffuses Licht getaucht, und die lauten Klänge der Instrumente unterstreichen die fast schon mystische Atmosphäre.

Paul zieht uns mit, offenbar ist es üblich, den Platz zu wechseln, damit man alle Laternen sehen kann, denn der Marsch geht kreuz und quer durch die Straßen und Gassen von Basel. An manchen Stellen ist es extrem voll, und mir kommt es seltsam vor, durch eine stockfinstre Stadt zu gehen, tatsächlich sehe ich kaum die Umrisse der Häuser. Als wir wieder auf die Cliquen stoßen, bin ich fast schon erleichtert, da sie mit den Laternen ein wenig Licht erzeugen. Merkwürdig, wie sehr man daran gewöhnt ist, dass immer Beleuchtung da ist, die dunkle Stadt fordert alle Sinne.

Nun strebt Paul eine *Beiz* an. Zeit für ein erstes Frühstück. Es braucht allerdings vier Anläufe, ehe wir in einem der Gasthäuser Plätze finden. Dabei scheint jedes Lokal der Stadt geöffnet zu haben. „Es ist üblich, an der Fasnacht

Mehlsuppe, Zwiebel- oder Käsewähe zu essen. Dazu trinkt man Bier oder Wein." Paul deutet auf die Tafel an der Wand. Eine andere Speise gibt es jetzt schlicht nicht. Heidi hatte mal erwähnt, dass die Mehlsuppe ziemlich eklig sein soll, aber probieren müsse ich sie. Ich bestelle mir eine Zwiebelwähe. Dies ist eine Art Quiche, die es in der Schweiz sehr häufig gibt, mal in herzhaft oder süß mit Früchten. „Dann bestellen wir aber noch eine Mehlsuppe dazu und teilen uns die, okay?" Heidi bringt wirklich Opfer für das volle Fasnacht-Erlebnis-Programm. So stoßen wir um fünf Uhr in der Früh miteinander an: Paul mit einer *Stange* und wir Damen mit je einem *Gsprützte Wiise,* Heidi in *suur,* ich in *süess*. Meine süße Weißweinschorle wirkt erfrischend, und jetzt wage ich mich auch an die berühmte Mehlsuppe. „Die erinnert mich immer an Bratensauce." Heidi schaut wenig erfreut in die Suppentasse. „Na, das ist eben die Mehlsuppe, die ist sehr fein! Aber ich kenne sie eigentlich auch noch etwas dunkler", erwidert Paul. „Ja, eben wie Bratensauce", schmunzelt Heidi. „Und woraus besteht sie?" Ich bin doch neugierig, was ich hier auf dem Löffel habe. „Hm, ja, Mehl eben. Und Wasser oder Brühe und Zwiebeln. Noch ein paar Gewürze, mehr nicht. Wie schmeckt es dir denn?" Oje, was sage ich jetzt? „Ist schon fein." „Man kann es also essen, was?" Paul nimmt es zum Glück mit Humor, dass dies offensichtlich nicht meine Lieblingsspeise wird.

Nach der Stärkung geht's nochmal raus, und wir bewundern die Laternen ebenso wie das Durchhaltevermögen der Cliquen, die immer noch mit Trommeln und Piccolo-Flöten durch die Straßen ziehen. Denn schon am Nachmittag werden sie dies erneut tun, wenn der Umzug stattfindet. Wir halten es aber wie die meisten Besucher und legen zwischendurch eine Pause ein, machen bei Paul ein Nickerchen, um für den Nachmittag ein wenig Kraft zu tanken.

Als wir wieder in der Innenstadt sind, steuern wir als erstes einen Kiosk an. „Ihr braucht unbedingt noch eine Plakette!“, sagt Paul entschieden. Es ist eine Art Anstecknadel, die günstigste Variante aus Kupfer ist für acht Franken erhältlich. Wer die Fasnacht mehr unterstützen möchte, kann sich teurere Plaketten kaufen und bis zu 100 Franken ausgeben. „Es ist als ein Eintritts*billett* zu verstehen. Man muss es nicht kaufen, aber es ist Ehrensache, die Vereine mit diesem Beitrag finanziell zu unterstützen. So können die Cliquen wirklich unabhängig ihre Satire auf Politiker und Geschehnisse betreiben. Und seid euch sicher, die Leute, die beim Umzug keine Plakette tragen, werden besonders gerne geärgert!“ Paul lächelt verschmitzt. Was mit ärgern gemeint ist, weiß ich, als der Umzug beginnt.

Vorher wollen mir die beiden noch ein wenig die Stadt zeigen. Basel liegt am Rhein im Dreiländereck Schweiz-Deutschland-Frankreich. „*Das Tram* fährt hier länderübergreifend. Auf Schweizer Seite durch drei Kantone und dann noch rüber nach Frankreich. Sowas gibt es selten!“ Höre ich da ein wenig Stolz in der Stimme des Baslers? „Und es heißt wirklich *das* Tram, daran solltest du dich schnell gewöhnen.“ Heidi zwinkert mir zu.

Beim Mittagessen kommen wir wieder einmal aufs Thema Sprache. Der Vater ist Basler, die Tochter lebt schon lange im Thurgau – da tun sich Sprachunterschiede auf, die ich nie wahrgenommen hätte, selbst wenn die beiden nicht immerzu Hochdeutsch mit mir sprechen würden. „Du verstehst Dialekt noch nicht, oder?“ „Leider sehr wenig, ich habe kaum Kontakte bisher.“ Es ist mir ziemlich unangenehm, Paul diese Antwort geben zu müssen. Habe ich nicht immer behauptet, es sei ja wohl selbstverständlich, dass man die Landessprache zumindest ein bisschen beherrscht, ehe man auswandert? Und nun sitze ich in der Schweiz, und die Menschen müssen sich mir anpassen, damit ich sie verstehe. Gut, ich lebe in der Deutschschweiz, hier ist die Amtssprache Hochdeutsch. Im öffentlichen Sektor, also bei Behördenbriefen, an Schulen etc. wird Hochdeutsch verwendet. Und dennoch habe ich den Anspruch, mich möglichst bald einzuhören. Spätestens, wenn ich einen Job habe, sollte das schnell gehen, und es hat bei Dominik ja auch funktioniert.

„Das kommt schon, du bist erst so kurz hier, da ist es nur verständlich, dass du da noch Mühe hast. Wir Schweizer sind ja anpassungsfähig und können dir sprachlich entgegenkommen. Dich versteht hier jeder." Heidi spricht mir mal wieder Mut zu.

„Aber die Basler reden auch wirklich komisch!" Paul schaut seine Tochter entsetzt an, ehe beide lachen. „Na, mal im Ernst. Wie ihr schon grün sagt! *Die Drämli sind grieen.*" Das letzte Wort betont sie extra stark. „Du kannst es nicht mal richtig. Es heißt *grien*!", kontert Paul. „Und wie heißt es im Thurgau?" Ich finde es so spannend, dass fast in jeder Ecke der Schweiz anders gesprochen wird. „Wir sagen: *Das Trämli ist grüen*. Was sagt ihr hier in Basel noch mal zum Einkaufen?" „*Kommissione mache*, die Berner sagen das auch, glaube ich." Paul blickt mich amüsiert an. „Aber euer Ausdruck, den so ähnlich übrigens auch die werten Zürcher benutzen, der ist *noch speziell*." „Ja, wir sagen zu ‚Ich gehe einkaufen': *I gang go poschtä*." „Den Ausdruck hat mir letzthin eine Nachbarin erklärt. Sie hat mir damit die Peinlichkeit erspart, dass ich denke, es hätte wirklich etwas mit der Post zu tun", antworte ich erfreut. „Sehr nette Nachbarin", stimmt Heidi mir zu.

Eine Frage beschäftigt mich immer wieder. Gerade scheint mir eine gute Gelegenheit zu sein, nachzuforschen, ob das Gelesene auch aus Sicht von Schweizern mit der Realität übereinstimmt. „Wie ist das eigentlich – hier an der Fasnacht wird Züri gern veräppelt. Ist es wirklich so, dass die Zürcher einen so schlechten Ruf haben?" „Ja!", kommt es wie aus einem Mund, und wir lachen los. „Na ja", Paul bemüht sich um eine etwas diplomatischere Antwort: „Die Zürcher gelten eigentlich überall in der Schweiz als etwas arrogant, sie halten sich für was Besseres. Weil sie die größte Stadt haben, meinen viele, Züri sei der Nabel der Welt. Zürcher finden, ihre Stadt sei die schönste, und ohne Züri sei die Schweiz nur halb so interessant. Sie halten sich sogar für die heimliche Hauptstadt!" Paul kommt richtig in Fahrt. „Die fahren die dicken Autos und geben damit an! Eigentlich ist die Schweizer Mentalität von Bescheidenheit geprägt, aber dies scheint irgendwie abhanden zu kommen, sobald man im feinen Züri lebt."

„Na ja, diese Vorurteile herrschen wirklich über die Zürcher. Aber es gibt solche und solche – wie überall. Ich kenne sehr nette Leute, die in Züri leben und die sich gar nichts darauf einbilden. Aber man sagt den Städtern eben nach, dass sie sich für gebildeter und besser und alle andern für leichte Bauerntrottel halten. Kein eingefleischter Zürcher würde freiwillig aufs Land ziehen. Dabei ist Züri im Vergleich zu deutschen Städten nicht mal groß, oder?" Heidi guckt mich fragend an.

„Züri hat rund 380 000 Einwohner, richtig? Ja, stimmt schon, es gibt in Deutschland deutlich größere Städte. Aber es ist eine schöne Stadt, finde ich. Wobei ich in meinem Leben noch nicht so viele Maseratis, Ferraris, Bentleys und Louis-Vuitton-Taschen gesehen habe", grinse ich die beiden an. „Da hast du es!" Paul lacht vergnügt. „Nun müssen wir aber mal los, um 14 Uhr beginnt der Umzug!"

Die Besucher sind in der Regel nicht verkleidet und auch selten betrunken, was ich vom deutschen Karneval anders kenne. Auch jetzt, am Nachmittag, sorgen die *Pfyffer* und *Tambour* musikalisch für Stimmung. Die hohen Töne der

Piccolo-Flöten werden mir noch am Abend in den Ohren klingen, aber es *tönt* schön. Im Gegensatz zur *Guggenmusik*. Die ist wahrlich Geschmackssache. Guggenmusik – das sind Gruppen von Blasmusikern, die ganz bewusst ein wenig „schräg“ spielen, haarscharf am richtigen Ton vorbei. Aber auch wenn dies befremdlich klingt, sie sorgen doch für gute Laune. Die bunten Kostüme und *Larven*, die markanten Masken, sind speziell. Sie verdecken das ganze Gesicht, sind größer als der Kopf, meist ziert sie eine überdimensionierte Nase und buntes Zottelhaar. Jedoch wirken sie nicht wie Clowns, das wollen sie auch keinesfalls.

Neben den Fußgruppen, die ihre Laternen vom Morgen nun nochmals präsentieren und ihre *Zeedel* mit den Erklärungen verteilen, gibt es auch große Wagen. Darauf finden sich ebenfalls Maskierte, die neben Süßigkeiten auch Orangen oder Meerrettich in die Menge werfen. „Was rufen die Kinder da?“ *„Waggis“*, antwortet Heidi, und Paul erklärt: „Das ist eine traditionelle Verkleidung der Basler Fasnacht, die einen Elsässer Tagelöhner in der Arbeitstracht darstellt: blaues Hemd, weiße Hosen, ein rotes *Foulard*, also Halstuch, und große *Zoggeli*, das sind die Holzschuhe. Die Kostüme sind in den Farben der französischen Trikolore, also in Blau-Weiß-Rot gehalten, und sie haben ein Einkaufsnetz mit Gemüse dabei. Und die riesige rote Nase soll auf den übermäßigen Weinkonsum der Elsässer hindeuten.“

Den *Waggis* sitzt auf jeden Fall der Schalk im Nacken. Sie locken die Zuschauer mit ihren Gaben an, halten Blumen oder Süßigkeiten hin, damit die Leute ganz nah an die Wagen treten. Wenn man Pech hat, schnappen sie einen am Kragen, und ehe man es sich versieht, ist man über und über mit Konfetti bestreut. Auch Heidi muss dran glauben. Sie greift nach einer Orange und wird gepackt, ein *Waggis* mit lila Zottelmähne und riesiger Nase stopft ihr eine große Ladung der *Räppli* hinten in den Kragen der Jacke, schön tief rein, damit auch ja genug im Pulli landet. „Ahhh, Mist!“, ruft sie und schüttelt sich, dass das Konfetti nur so um sie herumfliegt. Ich kann nicht anders, ich lache mich schlapp. „Warte nur, du kommst bestimmt auch noch dran.“ Sie versucht böse zu gucken, lacht aber dann mit mir. Es ist ulkig, wie die Zuschauer aussehen, keinen gibt es, der nicht irgendwo bunte Papierschnipsel an sich hat, im Haar, an der Jacke, am Reißverschluss der Tasche. Überall liegt Konfetti auf den Straßen, so dick, dass es stellenweise schön weich ist darauf zu gehen. Es muss Wochen dauern, ehe die Stadt davon wieder befreit ist. Bei uns in der Wohnung werde ich jedenfalls noch Tage später Konfetti finden.

Der Ausflug hat richtig Spaß gemacht. Doch leider ist diese Stimmung nicht von Dauer. Meine Jobsituation treibt immer wieder Düstere-Laune-Wolken um mich herum. Wieder spuckt mein E-Mail-Postfach eine Absage aus. Und schmerzhaft nimmt bei meiner Stellensuche die Erkenntnis Form an, dass ich als deutsche Sozialarbeiterin ein schweres Los gezogen habe. Ich hatte mir einen Termin bei der Laufbahnberatung geben lassen. Irgendjemand muss mir doch sagen können, woran es liegt. Ist meine Bewerbung schlecht? Sind es fehlende Weiterbildungen oder mangelnde Sprachkenntnisse?

Ein älterer Herr holt mich im Warteraum des Berufsinformationszentrums ab. „Ah, wie ich sehe, haben Sie die andere Notengebung in der Schweiz schon beachtet“, lächelt der Berater mich an. Es ist genau anders herum als in Deutschland, eine 1 in der Schweiz bedeutet eine 6 im deutschen System. Wenn jemand also einen Abschluss mit 2 gemacht hat, ist ein „Gut“ in Klammern dahinter nötig, damit sich überhaupt noch jemand die Unterlagen ansieht. Diesen Tipp hatte ich zum Glück schon früh erhalten.

„Gut finde ich auch, dass Sie sich beim Anschreiben

an unsere Gepflogenheiten angepasst haben." Er zielt darauf ab, dass es üblich ist „Freundliche Grüsse" zu senden. Grundsätzlich gibt es in der Schweiz kein „ß", alles wird mit „ss" geschrieben – das Zeichen fehlt auch auf den hiesigen Computer-Tastaturen.

„An den Qualifikationen kann es eigentlich nicht liegen. Auf welche Stellen haben Sie sich denn beworben?" Inzwischen nur noch auf Stellen, bei denen ich wirklich ins Profil passe. „Hm, vielleicht ist ihr Nachname ein Hindernis." „Mein Nachname?" „Ja", er atmet tief ein, ehe er weiterspricht. „In der Schweiz wird großer Wert darauf gelegt, die Menschen mit ihrem Namen anzusprechen. Es könnte sein, dass es Hemmungen gibt, weil man bei Ihrem Namen nicht weiß, wie man ihn ausspricht." Was soll ich denn seiner Meinung nach dagegen tun? „Sie könnten eine Lautschrift dazu schreiben. Und auf jeden Fall ergänzen, dass Ihre Muttersprache Deutsch ist!" Dies erscheint mir unnötig. „Aus all meinen Zeugnissen wird doch ersichtlich, dass ich Deutsche bin." Er erwidert nur: „Das heißt ja nichts."

Bei meinen Bewerbungsunterlagen deutet der Laufbahnberater auf den Briefkopf. „Das würde ich noch ändern. Wir Schweizer sind bescheiden, ein gestalteter Briefkopf ist Firmen vorbehalten. Ich gebe Ihnen mal eine Vorlage für einen klassischen, in der Schweiz üblichen Lebenslauf mit." Für mich sieht dieses Exemplar altmodisch aus, aber gut, ich werde es nach dem Muster versuchen. „Bewerben Sie sich weiter, Ihre Qualifikationen sind gut. Und von Ihrer Idee mit dem Praktikum rate ich Ihnen wirklich ab, das wirkt verzweifelt."

Verzweifelt – nun ja, das bin ich langsam bei meinem Versuch, hier beruflich Fuß zu fassen. Zum Glück hatten wir im Vorfeld in Betracht gezogen, dass ich nicht sofort eine Stelle finden könnte. Entsprechend hatten wir die Wohnung so ausgewählt, dass ein Gehalt für die Miete und unseren Lebensunterhalt reichen würde. Kein schlechter Gedanke. Denn im Moment sieht es so aus, als würde diese Phase länger dauern.

März

Über drei Ecken, es kennt jemand jemanden, der jemanden kennt, der wieder jemanden kennt, der in der Schweiz lebt: In diesem Fall eine Sie namens Laura. Sie ist eine kommunikative deutsche Theologin Anfang dreißig und lebt bereits seit sieben Jahren in Zürich. Sie hat angeboten, mir mit Rat und Tat beim Ankommen in der Schweiz unter die Arme zu greifen. Ein interessantes Phänomen: Für einen Ausländer verändert sich die Welt in so vielen kleinen Dingen. Plötzlich ist man für andere Deutsche besonders aufgeschlossen und bietet einander Unterstützung an – gerade am Anfang. Oft geht es um die Grundlagen: In welcher Gegend kann man gut wohnen, welcher Mobilfunkanbieter ist preislich passabel (denn Handy und Internetzugang schlagen hier zum Teil noch arg zu Buche), wie funktioniert die Krankenkasse usw. Da regen sich in Deutschland viele über die türkischen Mitbürger auf, die sich angeblich „zusammenrotten". Aber tun das nicht alle in der Fremde? Viele suchen Unterstützung und Verständnis und sind umgekehrt hilfsbereit, um anderen den Start im Ausland zu erleichtern. Mir erscheint es so, als täten dies Deutsche in fernen (oder auch nahen) Ländern genauso wie Türken, Italiener oder wer auch immer. Wer hat nicht schon mal Sendungen wie „Auf und davon" gesehen und sich dann darüber lustig gemacht, dass Deutsche nach Kanada gehen, um dort möglichst in einer deutschen Gemeinde Fuß zu fassen?

Dieses Prinzip verfolgen wir allerdings bewusst nicht. Laura hatte mir bereits per E-Mail von einem Verein „Deutsche in Zürich" erzählt. Über ihn sei es leicht, neue Kontakte zu knüpfen. Danke nein, diesen Schritt hoffen wir nicht gehen zu müssen. Nichts gegen unsere Landsmänner und -frauen. Aber wir sind in der Schweiz, und es ist unser Wunsch neue Leute kennenzulernen – sehr gerne Einheimische oder welcher Nation auch immer, aber nur Deutsche um uns zu scharen, das erscheint uns seltsam.

Laura und ich treffen uns das erste Mal in einer Uni-Mensa in Zürich zum Mittagessen. Dabei bereden wir die Höhen und Tiefen des Lebens als Ausländer. „Ich habe damals einen guten Job angeboten bekommen und bin hierher gezogen. Für mich war der Anfang besonders schwer, weil ich diesen Schritt alleine gewagt habe. Meine Kontakte entstanden letztlich über einen Chor und ein Grüppchen, das sich zum Spielen traf. Mit den Leuten bin ich bis heute befreundet. Ein Verein oder ähnliches bietet sich auf jeden Fall an." Schweizer scheinen oftmals in Vereinen und Freiwilligenorganisationen aktiv zu sein, zumindest in den ländlichen Regionen, und sie scheinen viel Zeit in Weiterbildungen zu stecken. Ich bekomme den Eindruck von einem sehr fleißigen und engagierten Volk. Sportlich sowieso. Und sprachgewandt. Da bekommt man ja fast Minderwertigkeitskomplexe! Wir sprechen über Websites und andere Wege, um an Stellenangebote zu kommen. „Ich habe da auch noch zwei Kontakte, denen werde ich mal schreiben. Vielleicht lässt sich ein Gespräch vereinbaren, und du bekommst ein paar Tipps."

Die Woche darauf treffe ich mich bereits mit dem Sozialarbeiter der Gemeinde, in der Laura *schafft*. Er ist sehr freundlich, offen und berichtet mir von seinen Erfahrungen. Irgendwann sagt er: „Es ist vielleicht gerade eine schwere Zeit für eine deutsche Sozialarbeiterin. In meiner letzten Stelle habe ich bei der Einstellung neuer Kollegen mitgewirkt, und wir hatten klare Anweisung, keine Deutschen einzustellen, wenn es vermeidbar ist. Schweizer haben Vorrang." „Okay, das ist natürlich eine Vorgabe, gegen die ich nichts machen kann." „Es tut mir leid, dir so etwas Demotivierendes sagen zu müssen. Es wird sich bestimmt noch etwas für dich ergeben. Und ... Nun, sieh mal ... Wir hier in dieser Gemeinde: Ich bin der einzige Schweizer! Alle anderen sind Ausländer, fast alles Deutsche. Selbst der Pfarrer. Irgendwann ist es einfach genug, die Menschen möchten in ihrer Muttersprache beraten werden und nicht immer und überall auf Deutsche treffen. Das passiert einem im *Spital* schon ständig." Das kann sogar ich verstehen. Wenn selbst der Pfarrer schon ein Deutscher ist ...

Beispielweise Ärzte, Ingenieure und Forscher werden in der Schweiz gebraucht und bewusst angeworben. In einigen Branchen gibt es nicht genügend Fachkräfte, um den Bedarf an qualifizierten Mitarbeitern zu decken. Die Schweiz braucht schlicht die Unterstützung durch die Ausländer, um dem Wachstum des Landes Rechnung zu tragen. Dadurch trifft man vor allem in den Krankenhäusern überdurchschnittlich viele Deutsche. Sozialarbeiter hingegen werden so viele ausgebildet, dass selbst Einheimische einige Bewerbungen schreiben müssen, ehe es klappt. Mit einem Gefühl der Ernüchterung, aber dankbar für dieses ehrliche Gespräch und mit ein paar Tipps im Gepäck mache ich mich auf den Heimweg.

Es gibt offene Stellen und ausreichend gut qualifizierte Bewerber. Die offizielle Arbeitslosenquote von 3,2 Prozent sollte mir eigentlich Mut machen, ebenso die Tatsache, dass jeder Suchende im Schnitt sechs Monate braucht, bis er eine Stelle gefunden hat. Der Haken dabei? Ich als „Hausfrau" zähle nicht mal zu diesen Leuten. Bewerbe ich mich aber – genauso wie viele Studenten oder Leute, die aus ihrem Job heraus ihr Glück versuchen –, muss ich davon ausgehen, dass auf die guten Stellen (mit geregelten Arbeitszeiten etc.) fünfzig und mehr Bewerbungen fallen. Und ich als neu zugezogene Deutsche im Bewerbungsstapel nach unten geschoben werde.

Wenige Tage später folgt das Gespräch mit dem zweiten Kontakt. Er ist Leiter einer Abteilung in einem Sozialamt, auch ein Schweizer. Ich fühle mich freundlich aufgenommen, und auch er begegnet mir sehr offen. Während er meine Bewerbung durchblättert, ertappe ich mich dabei, wie ich immer angespannter werde. Ob sie doch so daneben ist? Aber seine erste Reaktion hätte ich wahrlich nicht erwartet. Er sagt unverblümt: „In echt siehst du aber netter aus als auf deinem Foto. Das würde ich mal ändern, denn der erste Eindruck macht ja viel aus. Vor allem bei einer jungen Frau." Er grinst mich an, und ich versuche, diese Info einfach sachlich aufzunehmen. „Ansonsten ist die Bewerbung völlig in Ordnung so."

In der Einschätzung meiner Chancen stimmt er leider mit seinem Vorredner überein. „Es ist eine schlechte Zeit. Vor einigen Jahren haben wir gezielt Deutsche eingestellt, jetzt haben wir genug. Wir brauchen eigene Leute. Wie wäre es vielleicht mit einem Praktikum oder Freiwilligendienst?" „Davon hat der Laufbahnberater mir abgeraten." Etwas verblüfft und entgeistert erwidert er: „Quatsch, was du brauchst, sind Kontakte und Belege dafür, dass du hier in der Schweiz zurechtkommst! Dass du mit uns Einheimischen zusammenarbeiten und dich anpassen kannst. Wenn du irgendwann eine richtige Stelle hast, dann wird es schon laufen. Der Einstieg ist der Knackpunkt. Du brauchst einen ersten Arbeitgeber und Erfahrungen in der Schweiz. Aber aktuell ist es meiner Ansicht nach sehr schwer für dich als Deutsche." „Gäbe es denn vielleicht bei euch eine Chance?" Wie zur Antwort schiebt er meine Bewerbungsmappe leicht von sich. „Nein, da kann ich dir nichts anbieten. Selbst ein Praktikum kommt nicht in Frage. Die bieten wir nur im Rahmen einer Ausbildung und dann mit einem Pensum von mindestens sechzig Prozent für sechs Monate an." Das Gespräch endet mit einem herzlichen: „Ich wünsche dir viel Glück!"

Ich bewerbe mich also weiter, versuche mein Anschreiben noch gezielter auf die Stellen zuzuschneiden, probiere mehrere Fassungen meines Lebenslaufs aus. Nichts. Und bastele weiter an Plan B und C. Immer mehr freunde ich mich mit dem Gedanken an, eine Weiterbildung zu machen, vielleicht bringt das was. Aber Pustekuchen! Ohne Job keine Weiterbildung, die für mich nützlich wäre. Denn es ist eine Voraussetzung, dass ich einen Ort habe, wo ich das Erlernte anwenden kann. Zudem sind die interessanten Angebote, die bald beginnen würden, schon voll. Es gibt nur noch Wartelisten. Es ist doch wirklich wie verhext!

Passend dazu hat sich auch noch das Wetter gegen mich verschworen. Hochnebel. Das klingt erst mal nicht so dramatisch. Inzwischen weiß ich allerdings, was damit gemeint ist. Außerdem ist es kalt, immer noch. Der Winter scheint einfach nicht enden zu wollen – das zehrt zusätzlich an der Stimmung. Ach ja, der Hochnebel. Er ist berüchtigt in dieser Gegend, es ist, als habe jemand eine graue, dicke Decke zwischen Himmel und Erde gespannt. Er behindert unterhalb der Schicht nicht die Sicht, aber es ist grau – immerzu. Wie sehr sehne ich mich nach Frühling und Sonnenschein! Viele Menschen, die im Alpenraum leben, fliehen bei Hochnebel auf die Berge. Wenn man hoch genug ist, dann steht man in strahlendem Sonnenschein und schaut hinab auf die dichte, weiche Wolkenschicht, die sich in den Tälern festgesetzt hat. Das ist vermutlich das Mittel schlechthin gegen Herbst-Winterdepressionen. Vielleicht betreiben auch deshalb so viele Leute Wintersport! Sie suchen ihr Seelenheil in der Bewegung an der frischen Luft und in der Sonne, statt im düsteren Tal ihrer schlechten Laune nachzuhängen.

Als unser persönlicher Stimmungsaufheller soll ein langes Wochenende in Grindelwald im Berner Oberland dienen. Zwar kein Frühling, dafür Schnee. Es gab ein schönes, günstiges Angebot, und Dominik überredete mich sogar, zwei Tage Skifahren auszuprobieren. Meine Güte, ich bin jetzt schon total aufgeregt. Hoffentlich breche ich mir nicht prompt was. Man hört ja üble Schauergeschichten von Ski-Unfällen. Aber gut, auf dem Babyhügel sollte es nicht so wild hergehen, versuche ich mir Mut zuzusprechen.

Im Hotel, das wenig idyllisch an der Hauptverkehrsstraße des Ortes liegt, stehe ich am Fenster und staune nicht schlecht. „Das ist die berühmte Eiger-Nordwand", freut Dominik sich ebenso über diese Aussicht. Ein Spaziergang macht mir deutlich, dass hier sehr viel auf Tourismus ausgerichtet ist. Der Ort besteht eigentlich nur aus Hotels, Restaurants und Läden, in denen man Sportkleidung oder Souvenirs kaufen kann. Aber ich kann auch nicht leugnen, dass die Lage wie geschaffen ist für Ferien in den Bergen. Das herrliche Panorama der riesigen Gipfel, vieles ist mit Gondeln und Bahnen erschlossen, sodass verschiedene Skigebiete erreicht werden können oder sich im Sommer der eine oder andere Aufstieg abkürzen lässt.

Heute erlebe ich zum ersten Mal, was im Radio mit Föhn-Wetterlage gemeint ist: Es ist seltsam warm und extrem windig. Die Lifte sind geschlossen, zu gefährlich ist das Föhn-Wetter. Der Begriff „Föhn" ist mir plötzlich mehr als einleuchtend, denn es fühlt sich genauso an, als blase ein Haartrockner mit übernatürlicher Power warme Luft ins Gesicht. Dieses Wetterphänomen soll im Laufe des Tages nachlassen, ansonsten hätte sich die Idee mit dem Skifahren erübrigt. Ohne Lift keine Piste. Das Gegenstück zum Föhn wird in der Schweiz übrigens als *Bise* bezeichnet. Den kalten, trockenen Wind möchte ich mir ungerne mit den Geschwindigkeiten von 60 bis 100 Stundenkilometer ins

Gesicht pusten lassen, dann doch ganz klar lieber die warme Version.

Bei der Touristeninfo erfahren wir, dass das Gebiet um die Berge Eiger, Mönch und Jungfrau zum UNESCO-Welt-Naturerbe gehört. Die drei Gipfel bieten mit ihren rund 4000 Metern Höhe eine wahrlich atemberaubende Kulisse. Von einigen Gondeln aus kann man einen Blick auf einen der bläulich-türkis schimmernden Gletscher erhaschen.

Am nächsten Morgen staksen wir mit unserer Ski-Ausrüstung Richtung Bahn. Aufregung und Anstrengung, eine unschöne Kombination schon so früh am Tag. „Warum tun sich die Leute das nur an? Mit diesen Schuhen über die Straße laufen, Skier auf der Schulter, Stöcke in der Hand, wankt man durch die Gegend und ist schon schweißgebadet, ehe man oben ankommt." Dominik bleibt frohen Mutes: „Wenn du es kannst, wirst du es verstehen, warte nur ab." Mal wieder bringt uns eine Zahnradbahn ans Ziel, mitten hinein in den Skizirkus. Dominik liefert mich an einem laut mit Musik beschallten Tipi ab, wo diverse Skilehrer in blauen und roten Jacken auf ihre Schützlinge warten. Der Skilehrer, der sich meiner annimmt, ist Deutscher. Irgendwie treffe ich derzeit nur auf *Dütschi*.

Ich überstehe den ersten Tag ganz gut, es ist anstrengend, aber ich beende die ersten Versuche auf diesen Dingern unbeschadet. Nicht alle hatten so viel Glück. Während ich gegen Mittag in der Nähe des Skilehrer-Tipis auf Dominik warte, werde ich Zeuge eines Rettungseinsatzes. Wenige Meter von mir entfernt kreuzt eine rote Piste den Platz. Zwei Skifahrer mit Warnwesten über den Jacken kommen hintereinander langsam den Berg herunter, zwischen sich eine Art Schlittentrage, in der eingemummelt offenbar ein Verletzter liegt. Das muss ein mieses Gefühl sein, wenn man so arg gestürzt ist, dass man derart eingepackt hinuntertransportiert werden muss. Zum Glück habe ich mich endlich kranken- und auch unfallversichert! Ein beruhigender Gedanke, denn ohne die Absicherung wäre solch ein Einsatz sicher der finanzielle Ruin.

Es ist *obligatorisch*, also gesetzlich vorgeschrieben, in der Schweiz eine Krankenversicherung zu haben. Nach dem Umzug hatte ich drei Monate Zeit, mich zu versichern, was dann rückwirkend geschieht. Immerhin hatte ich so die Gelegenheit, mich mit dem neuen System zu beschäftigen. Und das geht so: Die Unfallversicherung ist ab acht Stunden Arbeit pro Woche über die Firma abgedeckt, auch für private Unfälle. Studenten, Hausfrauen (oder all die anderen, die, warum auch immer, keinen Arbeitgeber haben) müssen sich zusätzlich gegen die Kosten eines Unfalls versichern.

Über das Thema Krankenversicherung habe ich mich schon ganz schön gewundert und auch geärgert. In Deutschland wäre ich über Dominik familienversichert, hier müssen wir eine komplette Krankenversicherung für mich aufbringen, auch ohne Job. Vergleichbar mit einer privaten Krankenversicherung in Deutschland also, nur ohne die Privilegien. Aber so ist es eben, ein anderes Land, andere Regeln. Wie sagt man so schön: Manches weiß man eben erst zu schätzen, wenn man es nicht mehr hat.

Am Anfang fiel es mir nicht leicht, den Durchblick zu bekommen. Da gibt es etwa verschiedene Modelle: Hausarzt, Gesundheitszentrum oder Telefonberatung, an wen will oder muss ich mich zuerst wenden, wenn ich krank bin? Dann die nächste Frage: Wie hoch soll die *Franchise* sein? Das ist der Anteil der Eigenbeteiligung im Jahr, mindestens 300 Franken. Wenn man ca. 1500 Franken Franchise nimmt, reduziert sich der monatliche Krankenkassenbeitrag etwas. Wenn diese Summe erreicht ist, beläuft sich der weitere Eigenanteil auf zehn Prozent an allen Kosten, bis man weitere 700 Franken im Jahr selber übernommen hat. Die sogenannte Grundversicherung ist bei allen Krankenkassen gleich und deckt eine gesetzlich festgelegte Grundversorgung ab. Die Kosten variieren von Kanton zu Kanton und sind unabhängig vom Einkommen von jedem Bürger selbst zu zahlen: In Obwalden etwa knapp 170, in Zürich gute 200, und in Genf sind es schon um 300 Franken für diese Basisabsicherung. Dazu können auf eigenen Wunsch diverse Zusatzversicherungen kommen – die vermutlich jeder im Land in der einen oder anderen Form abschließt.

Was mich überrascht hat: In der Grundversorgung sind keinerlei Zahnarztbehandlungen abgedeckt. Es gibt natürlich auch dafür Versicherungen, allerdings kennen wir bislang niemanden, der eine hat. Heidi etwa sagte dazu nur, dass sie das, was sie jeden Monat der Versicherung zahlen würde, lieber spart. Dann kann sie die Behandlung bezahlen und hat unterm Strich vermutlich weniger ausgegeben. Was mich stutzen lässt, ist der Gedanke, was Leute machen, die sehr wenig verdienen. Früher hieß es, man sieht es den Menschen am Gebiss an, ob sie arm oder reich sind ...

Ein Päuschen auf der Sonnenterrasse des Bergrestaurants vertreibt die trüben Gedanken an Unfälle und Krankheiten schnell. „Lass uns doch gleich wieder mit der Bahn runterfahren, und dann holen wir unseren Schlitten. Die längste Rodelpiste schaffen wir heute aber leider nicht mehr." Dominik schaut auf die Uhr. „Warum? Wie lang ist die denn?" „Fünfzehn Kilometer! Die *Schlittelbahn* soll der Hammer sein, nicht nur die längste in den Alpen, auch die spektakulärste! Aber der Startpunkt liegt auf über 2600 Metern, und im Prospekt ist der Aufstieg mit zweieinhalb Stunden angegeben." „Gut, dann fangen wir vielleicht mit etwas kleinerem an, hm?"

Im Ort angekommen, stakse ich erst mal auf das nächste WC und kann es mir nicht verkneifen, ein Foto zu machen. Nichts fieses, jedoch für mich amüsant. An der Wand hinter der Klobrille hängt ein Schild, auf dem ein Männchen mit den Füßen auf der Klobrille hockt, rot umrandet und durchgestrichen. Das Bild daneben zeigt, wie es richtig geht: In einem grünen Kreis sitzt diese Figur mit dem Popo auf der Klobrille. Wieder draußen halte ich das Bild Dominik hin, und er, der schon mal in China war, hat gleich eine Erklärung parat: „Es soll den asiatischen Besuchern zeigen, wie unsere Toiletten funktionieren. Dort gibt es noch sehr oft Stehklos, so wie man sie auch in Frankreich manchmal findet. Man hockt sich halt hin beim Geschäft. Und hier gibt es offensichtlich viele Gäste aus Asien."

Stimmt, wir hatten bereits diverse Beschriftungen in asiatischen Schriftzeichen gesehen. Mir taten am Morgen die Japaner leid, die in einer großen Gruppe im Zug saßen, um auf das Jungfraujoch zu gelangen. Es wird als der Höhepunkt einer Schweizreise bezeichnet, mit der Bahn zum „Top of Europe" zu fahren. Die höchste Bahnstation Europas liegt auf 3454 Metern Höhe und bietet eine grandiose Aussicht. Nur eben nicht, wenn der Gipfel der Jungfrau, so wie heute, dicht von Wolken verhangen ist. Die Fahrt selber soll auch schon ein Erlebnis sein, sie führt durch Eiger und Mönch hindurch, und es gibt Zwischenstopps wie etwa an der Eigernordwand, von wo aus man die Aussicht genießen kann. Wir haben uns bewusst gegen dieses Erlebnis entschieden, denn 177 Franken pro Nase, um ab Grindelwald einmal hoch und wieder runter zu fahren, wenn oben nur dichte Wolken sind? Och nö. Aber klar, wenn man eine Fernreise bucht, dann gehören solche Highlights dazu.

Für mich muss es aber derzeit gar keine Fernreise sein. So einen Kurzurlaub, ohne großen Reiseaufwand, genieße ich sehr – hier finden wir beide Abstand zum Alltag und genießen die neuen Eindrücke. Wieder zuhause wird mir genau das wieder bewusst: Ich empfinde es als Luxus, so nah an den Urlaubsregionen der Schweiz zu leben. Früher wä-

re die Idee, hierher zu fahren, schnell beim Argument „zu teuer“ beendet gewesen. Und nun wohnen wir hier!
Heute möchte ich nach Zürich fahren, um ein bisschen bummeln zu gehen. Schon am hiesigen Bahnhof beginne ich in der „20 Minuten“ zu blättern. Diese kostenlose Zeitung gibt es am Morgen, das Pendant ist die „Blick am Abend“ zum Feierabend. Man erhält sie an jedem Bahnhof, und sie informiert die Reisenden über die Geschehnisse in der Welt.

Mir schräg gegenüber lässt sich ein junger Soldat in den Sitz fallen, lässig legt er sein Sturmgewehr neben sich, so wie andere ihre Jacke. Selbstverständlich hat dieser Rekrut nichts gemein mit der bekannten Schweizer Garde, die man vor allem in ihrer traditionellen gelb-blauen Uniform kennt – die dienen ausschließlich im Vatikan. Das Personal der Schweizer Armee trägt in ihren Einsätzen typische Kampfanzüge mit schweren schwarzen Schuhen. Es ist nicht unüblich, dass man in den Zügen, auf dem Bahnhof oder sonst wo Soldaten sieht. Doch dieser Anblick ist zu verlockend: Unauffällig mache ich ein Foto von dem Gewehr, von dem Rekruten sieht man nur den in Tarnfarben gehüllten Arm. Das Bild sende ich direkt an meine Freundin Lotte in Deutschland. Sie ist online, und sofort kommt ein: „Wo ist das denn?“ „Im Zug“ „Was??!! Wie krass ist das denn?!“ Der zum lässig auf dem Zugsitz drapierten Sturmgewehr, gehörige Soldat sitzt gemütlich daneben und hört entspannt Musik. Das sieht man in Deutschland nicht alle Tage. Er wirkt dabei nicht bedrohlich, aber dieses Gewehr, so direkt vor meiner Nase ...

Vielleicht werde ich mich mit der Zeit daran gewöhnen, dass das Militär in diesem Land viel mehr im Alltagsleben präsent ist, als ich es bisher kannte. In der Bundesverfassung steht: „Jeder Schweizer ist verpflichtet, Militärdienst zu leisten.“ Im Alter zwischen 18 und 25 Jahren müssen junge

Männer ihrer *Stellungspflicht* nachkommen, vergleichbar mit der Musterung in Deutschland. Für Frauen ist der Dienst an der Waffe freiwillig. Ist Mann für tauglich befunden, geht es, je nach angestrebter Tätigkeit, für 18 bis 21 Wochen in die *Rekrutenschule*. Danach wird jeder Soldat in der Regel einmal jährlich zu *Wiederholungskursen aufgeboten*. Das heißt neunzehn Tage lang aktives Armee-Leben mit Schießübungen, inklusive Marschgepäck die Berge besteigen etc.

Wer mit seinem Gewissen hadert, kann seit 1996 einen Antrag auf *Ersatzdienst* stellen. Bei Anerkennung darf also Zivildienst abgeleistet werden, welcher der eineinhalbfachen Länge des Militärdienstes entspricht. Wer seine Diensttage nicht oder nur teilweise erfüllt, ist gesetzlich verpflichtet, den sogenannten *Militärpflichtersatz* zu leisten. Jeder, der sich, aus welchen Gründen auch immer, nicht seiner Armeepflicht stellt, muss drei Prozent seines Einkommens, mindestens aber 400 Franken im Jahr an den Staat zahlen. Diese Regelung findet bei den Bürgern des Landes Rückhalt, eine Initiative zur Abschaffung des *Militärpflichtersatzes* wurde abgelehnt.

Heikel wird es, wenn Männer, die „nur“ eine leichte Behinderung haben, aus gesundheitlichen Gründen für dienstuntauglich erklärt werden und, obwohl an sich dienstwillig, dennoch verpflichtet sind, diese Zahlungen zu leisten. Erst ab vierzig Prozent Invalidität werden die Männer davon befreit. Für Untaugliche gibt es noch die Option, ihr Soll in Form des *Zivilschutzes* abzuleisten, aber dazu muss man körperlich in der entsprechenden Verfassung sein. Das wären dann etwa Aufräumarbeiten nach einem heftigen Sturm oder auch die Mitwirkung bei der Organisation von Großveranstaltungen.

Mit Heidi hatte ich auf der Rückfahrt von Basel mal über das Thema Militär gesprochen. Sie meinte, die Armee sei etwas ganz Normales im Leben der Schweizer und ihr sei gar nicht bewusst gewesen, dass dies in Deutschland anders sei. Ihre Worte liegen mir noch im Ohr: „Ich kenne einige Familien, die haben Fotos von ihren Kindern in der Ausrüstung des Vaters. Die Kleinen stehen dann in den großen Stiefeln und haben ein Gewehr um den Hals. Zumindest war es früher nicht unüblich und einfach ein Spaß, solche Bilder zu machen." Ob das heute noch so ist, konnte sie mir nicht sagen.

Solche Aufnahmen sind überhaupt nur möglich, weil die Rekruten zu Dienstbeginn neben der restlichen Ausrüstung und ihrem blauen *Dienstbüchlein* auch ihre Schusswaffe ausgehändigt bekommen. Ihre eigene. Es gibt eine persönliche Waffe, je nach Grad ist es ein Sturmgewehr oder eine Pistole, die sie zwischen den Diensttagen mit nach Hause nehmen.

Hinzu kommen die Waffen der Sportschützen, die vielerorts zeitweise die Ruhe des Waldes mit Schießübungen durchbrechen. Ende Mai wird auch dieses Jahr ein Wochenende im Zeichen des *eidgenössischen Feldschiessens* stehen. Im ganzen Land finden sich an vielen Orten begeisterte Schützen ein, um bei diesem traditionsreichen und, wie man sagt, größten Schützenfest der Welt, teilzunehmen. Es wird auf 25, 50 oder gar 300 Meter entfernte Zielscheiben geschossen – achtzehn Schüsse in Serie. Ein ruhiges, beschauliches Wochenende wird das wohl nicht, dafür ein Event, das von ganzen Familien besucht wird.

So kommt es, dass niemand ganz genau weiß, wie viele Schusswaffen sich wirklich in Privathaushalten befinden. Sind es 3,4 Millionen, wie das Genfer Forschungsinstitut „Small Arms Survey" 2007 in seinem Bericht schätzt? Oder stimmt die Schätzung des *Eidgenössischen Departements für Verteidigung, Bevölkerungsschutz und Sport*, das von rund 2,2 Millionen Schusswaffen ausgeht? Bisher wehren sich die

Schweizer standhaft gegen ein elektronisches Register, sodass die genauen Zahlen, welche Waffen bei wem in Besitz sind, nach wie vor im Dunkeln liegen.

Der Umstand der privaten Lagerung hat seine Gründe in einer langen Tradition: Ursprünglich sollte jeder seine Waffe und Munition mehr oder minder griffbereit haben, damit jede kampffähige Person sich im Ernstfall zu seinen Truppen durchschlagen kann. Selbstverständlich werden die Soldaten ausführlich und intensiv über die Regeln einer sicheren Aufbewahrung ihrer Dienstwaffe belehrt. Als allerdings 2006 die Universität Lausanne in einer Studie veröffentlichte, dass jährlich dennoch fast 300 Menschen durch eine Armeewaffe sterben, wurde das erwartungsgemäß angeregt diskutiert. Unter den Todesfällen seien vor allem Suizide, aber auch Tötungsdelikte in Familien zu verzeichnen. Mit so einer Pistole im Haus kann ein Ehestreit schnell tödlich enden …

Seit 2008 darf nun die Munition nicht mehr zu Hause aufbewahrt werden, sondern wird im *Zeughaus* gelagert. Es wurden Stimmen laut, welche die Entwaffnung der Bevölkerung verlangten. Die folgende Abstimmung, die forderte, auch das Gewehr im Zeughaus aufzubewahren, wurde vom Volk abgelehnt.

Ein entscheidender Unterschied zu anderen Armeen ist, dass die Schweiz ein Milizsystem pflegt, wonach die Soldaten ihre Aufgaben mehrheitlich nebenberuflich ausüben. Das Milizsystem ist tief verankert in der Schweizer Tradition. Und auch die Politik funktioniert in der Schweiz nach diesem Prinzip der Miliz. So üben noch heute die Parlamentarier ihre politischen Ämter nebenberuflich aus. Sie gehen einer „normalen" Erwerbstätigkeit nach, und darüber hinaus erfüllen sie gegen eine Aufwandsentschädigung die öffentlichen Aufgaben. Zeitlich bedeutet das einen erheblichen Mehraufwand, der finanziell, so heißt es, nicht gut entlohnt wird. Deshalb könnte man diesen Umstand ja ändern und Berufspolitiker einsetzen, sagen die einen. Allerdings widerspricht dies dem Grundgedanken, wonach die Ämter durch Personen „aus dem Volk", mit verschiedenen Berufen und Hintergründen ausgefüllt werden sollen. Nur so sei die Nähe zum Bürger gewährleistet, sagen die anderen.

Politik hat in der Schweiz eben ein ganz eigenes Selbstverständnis. Das Volk gestaltet mit, nimmt Einfluss und trifft Entscheidungen. Fast täglich ist dies zu spüren, regelmäßig wechseln die Themen und die entsprechenden Plakate in der Öffentlichkeit – je nachdem, welche Volksinitiativen bald zur Abstimmung stehen.

Das ist wohl das bekannteste politische Mittel in der direkten Demokratie der Schweiz: die Volksinitiative. Bürger können Themen zur Abstimmung geben und so durch Vorschläge die Gesetzgebung entscheidend mitgestalten. Jede Volksinitiative, die binnen achtzehn Monaten 100 000 Unterschriften der Zustimmung sammeln konnte, kommt zur Abstimmung unter den Stimmbürgern – auch wenn Parlament und Regierung nicht immer Gefallen an den Themen finden. In solch einem Fall kann das Parlament dem Volk einen sinnvollen Gegenvorschlag zur Abstimmung geben und hoffen, dass die Argumente überzeugen.

Grundsätzlich finden die wenigsten Initiativen Zustimmung. Unter den angenommen Themen waren in den letzten Jahren etwa „Für die Unverjährbarkeit von pornographischen Straftaten an Kindern", was eine entsprechende Änderung im Strafgesetz nach sich zog. Zustimmung fand auch die Initiative, die durch die SVP, die Schweizerische Volkspartei, lanciert wurde: „Gegen den Bau von Minaretten". Die Plakate, mit denen die SVP die Stimmbürger erreichen wollte, waren provokativ: eine komplett verschleierte Frau, ganz in Schwarz gezeichnet, ebenso eine Vielzahl schwarzer Minarette, die eine Schweizer Flagge zupflastern.

Über die Volksinitiativen hinaus gibt es eine weitere Form der Mitgestaltung durch die Bürger: das Referendum. Es erlaubt den Stimmberechtigten, über wichtige Beschlüsse des Parlaments an der Urne endgültig zu entscheiden – so können Gesetzesentwürfe angenommen oder auch abgelehnt werden. Gerade jetzt, im März 2013, sorgt ein Abstimmungsergebnis für Diskussionsstoff: Olympische Winterspiele 2022 in Davos und St. Moritz? Das Stimmvolk in Graubünden sagte zu dieser Vorlage: Nein. Bereits 1980 lehnten die Bürger die Olympischen Winterspiele in der Region ab, und damit ist die Kandidatur für das Großevent vom Tisch.

Die Schweiz lebt das Prinzip der *Konkordanzdemokratie*. Das bedeutet die „unablässige Suche eines Gleichgewichts oder eines Kompromisses sowohl zwischen Parteien wie auch zwischen den verschiedenen sprachlichen, sozialen und politischen Kulturräumen, welche die Schweiz ausmachen". Dies ist der praktizierte Versuch, die Idee des Genfer Philosophen Jean Jacques Rousseau umzusetzen: den *volonté générale*, also den allgemeinen Willen.

Diese Grundlagen des gesellschaftlichen Zusammenlebens lassen erahnen, warum man den Schweizern nachsagt, keinen Konflikt offen auszutragen. Es gibt eine Meinung oder klare Haltung, durchaus. Jedoch scheint das Ziel einer Diskussion nicht das „Recht haben" zu sein, sondern das Erreichen eines tragfähigen Kompromisses.

April

Eines Abends falle ich Dominik heulend in die Arme, als er von der Arbeit nach Hause kommt. „Die nehmen mich alle nicht! Ich werde nicht mal zu einem Gespräch eingeladen! Dabei passte ich bei der Stelle doch total, genau das habe ich in Deutschland zwei Jahre lang gemacht!" Ich schluchze und bin untröstlich. Den ganzen Tag alleine, mit viel Zeit, um über Bewerbungen, Absagen, Weiterbildungsangebote und Perspektiven zu grübeln – ich fühle mich einsam, bin desillusioniert. „Ich habe bei denen nachgefragt, warum sie kein Interesse haben und ob sie mir sagen können, was nicht stimmt. Und weißt du, was sie gesagt haben?" Dominik schaut mich traurig an. „Weil ich Deutsche bin!!!" „Was?!" Ich hole tief Luft, putze die Nase: „Okay, so ähnlich." Die Dame am Telefon war sehr nett und sagte, dass meine Qualifikationen durchaus passen würden. Aber bei ähnlicher Eignung würden sie sich für einen Schweizer entscheiden. Nicht zuletzt deshalb, weil sie die Erfahrung gemacht hätten, dass ausländische Angestellte es schwerer haben, akzeptiert zu werden, und sie befürchten, dass ihnen aus den konservativen Teilen der Schweiz Kooperationspartner abspringen könnten. „Das ist bitter, aber immerhin eine sehr ehrliche Antwort. Und mal nicht das übliche: Sie haben ja keine Berufserfahrung", erwidert Dominik ähnlich ernüchtert über meine Situation.

Bisher hatte ich immer gehört, mir fehle Berufserfahrung. Bei fast vier Jahren in meinem Job in Deutschland! Richtig, aber eben nicht in der Schweiz. Nach allem, was ich inzwischen weiß, war das zu befürchten. Aber es ist trotzdem bitter, immer wieder zu hören: Qualifikation okay, aber als deutsche Sozialarbeiterin: keine Chance. Das gibt's doch gar nicht! Neben fehlenden Kenntnissen im Schweizer Sozialversicherungsrecht, fehlenden fließenden Sprachkenntnissen in mindestens einer zweiten Landessprache scheitere ich also tatsächlich auch an der Tatsache, dass ich Deutsche bin. Na prima!

Aus Frustration entwickelt sich Resignation. Langsam glaube ich nicht mehr daran, dass sich bald eine schöne Stelle auftut. Es ist bitter, da gehen wir in ein anderes Land, weil mein Mann als Ingenieur geholt wird, und ich hocke nun bereits seit fünf Monaten zu Hause und kriege keine Chance auf diesem Arbeitsmarkt. Ohne Erfahrung in der Schweiz keine Stelle. Witzig, woher soll die Erfahrung denn kommen, wenn mich keiner einstellt? Auf mich hat die Schweiz offensichtlich nicht gewartet. Diese Erkenntnis hat immerhin den Vorteil, dass ich weitere Absagen besser hinnehmen kann, ohne es – na ja – zu nah an mich ranzulassen. Es ist gut, dass ich nun von einigen Schweizern das Feedback habe, dass es nicht grundsätzlich an meiner Ausbildung liegt, denn das hat an mir genagt. So ist eben der Hauptgrund, dass es zu viele Sozis für zu wenig attraktive Stellen gibt und Einheimische Vorrang bei der Einstellung haben. Und doch, ich muss irgendetwas machen! Hausfrau ohne Kinder zu sein ist wenig erfüllend und nicht gerade das, was ich möchte.

Da bekommt die Idee, noch einmal zu studieren, erneut richtig Wind in die Segel. Ein Masterstudium zu beginnen, das schwirrte mir bereits in Deutschland im Kopf herum. Ob nun der richtige Zeitpunkt dafür ist? Aus der Not eine Tugend machen? Ähnliches Prinzip wie bei unserem Umzug in die Schweiz: Wenn nicht jetzt, wann dann?! Eine Info-Veranstaltung an der Zürcher Hochschule für Angewandte Wissenschaften hatte ich Anfang des Jahres bereits besucht. Ich greife zum Hörer und bitte direkt um einen Termin. *„Ich chan Ihne am Zischtig am Nüni oder am Dunschtig am Zwänzg ab Zwei abüte“*, sagt die Beraterin. Oje, um sicher zu gehen, dass ich sie richtig verstanden habe, wiederhole ich lieber auf Hochdeutsch: „Am Dienstag um 9 Uhr oder Donnerstag 14.20 Uhr?“ *„Ja genau, würd Ihne dänn än Termin passe?“* Nachdem wir den Dienstag vereinbart haben, bin ich erleichtert, dass sie schon so bald Zeit für ein Gespräch hat.

Leider ist die eigentliche Beratung dann kaum aufschlussreicher als die Info-Veranstaltung und meine Recherchen. Nun denn, ich werde mich anmelden! In meinem Bereich ist der Master noch umstritten, und ich erwarte wahrlich nicht im Anschluss eine Topstelle auf dem Silbertablett. Aber ich tue etwas Sinnvolles für mich und meinen Lebenslauf. Ich werde Leute kennenlernen, Kontakte knüpfen und einen Schweizer Abschluss machen – das sollte mir doch langfristig etwas bringen! Außerdem ist dieser Weg sogar günstiger als eine Weiterbildung und dafür international anerkannt. Diese Option lässt mich Mut schöpfen. Für die Anmeldung muss ich mich bewerben. Zumindest brauche ich keine extra Anerkennung meines Abschlusses, so kann mich wieder dem Gewohnten hingeben: warten und hoffen. Nachdem Plan B in Form einer interessanten und qualifizierenden Weiterbildung nicht recht klappen wollte, hoffe ich nun, dass Plan C funktioniert.

Dass ich viel freie Zeit habe, bringt auch Vorteile mit sich. Ich kann etwas Schönes unternehmen, wann immer sich die Gelegenheit bietet. Dominik ist für drei Tage auf einer Konferenz in Luzern. Am letzten Abend soll es einen *Anlass* geben, bei dem ausdrücklich die Gattinnen mit eingeladen sind. Zum Glück stand auf der Karte, dass es in ungezwungenem Rahmen stattfindet, also kein Anzug- und Cocktailkleidchen-Abend.

So sitze ich nun im Zug Richtung Luzern, von Zürich aus sind es nur 49 Minuten. Dominik nimmt derweil an der Konferenz teil. Manchmal tut er mir leid, weil er volle fünf Tage die Woche arbeitet, während ich frei habe. Aber das ist ja wahrlich nicht freiwillig. In der Schweiz hat eine Arbeitswoche immer 42 Stunden, und es gibt in der Regel weniger Urlaub und weniger Feiertage als in Deutschland. Ein kleiner Wermutstropfen, wenn man in die Schweiz zieht. Die hiesige Sicht darauf ist geteilt: Manch einer beneidet andere Länder, denen es wirtschaftlich ähnlich gut geht, in denen man aber mehr Freizeit genießt. Andere Stimmen hingegen sticheln z. B. in Richtung der Deutschen, sie seien ein bisschen faul und wüssten gar nicht, was arbeiten wirklich heiße, da sie ständig frei hätten. Zumindest hat Heidi mir das so verraten. Scherzhaft verpackt – aber wie war das mit dem Körnchen Wahrheit in jedem Witz?!

Interessant ist, dass klassischerweise weiblich dominierte Arbeitsgebiete vornehmlich Teilzeitstellen anbieten. Im Sozialbereich sind Hundert-Prozent-Stellen die absolute Ausnahme.

In Luzern, der Hauptstadt des gleichnamigen Kantons, laufe ich nun einfach drauflos. Rund 80 000 Einwohner leben in dieser malerisch gelegenen Stadt, die als das kulturelle Zentrum der Zentralschweiz gilt. Aufgrund ihrer fabelhaften Lage ist sie ein Touristenmagnet, mit allen Vor- und Nachteilen. Einheimische sind zuweilen genervt, immer ist die Stadt überfüllt, und in einigen Geschäften wird man bereits automatisch auf Englisch angesprochen. Luzern liegt am nordwestlichen Ausläufer des Vierwaldstättersees, die Berge ragen imposant dahinter auf. Vor allem die Gipfel von Rigi und Pilatus fallen durch ihre markanten Formen immer wieder ins Auge. Ein Postkartenpanorama zeigt sich, bei dem jeder die Schweiz erkennen würde, auch ohne Untertitel. Wenn dann noch ein Schiff mit der obligatorischen, wehenden Schweiz-Fahne den Blick kreuzt, dann wirkt es fast unheimlich, so perfekt erscheint das Bild.

Auf den Pilatus fährt – was sonst? – eine Bahn. Aber nicht irgendeine Bahn: Seit 1889 kann man gemütlich mit der steilsten Zahnradbahn der Welt die Höhendifferenz von 1635 Metern bewältigen. Beeindruckend eigentlich, dass nicht wenige Schweizer einen am Berg derart leichtfüßig überholen, obwohl es an so vielen schönen Flecken möglich ist, mit einer Bahn oder Gondel hochzufahren. Für die möglicherweise weniger fitten Touristen ist es unbestritten ein Highlight, auf diese kraftsparende Weise an die großartigen Gipfelaussichten zu kommen.

Apropos Postkartenpanorama: Mein Blick fällt auf die Kapellbrücke. Superlative, wohin man sieht – dabei ist Bescheidenheit doch angeblich eine Tugend der Schweizer. Und sie ist es vermutlich tatsächlich, denn all die spannenden, Superlative verkündenden Infos sind lediglich auf Tafeln und Websites zu finden. Wohingegen ein Landsmann mir womöglich nur sagen würde, dass die Reuss Luzern in Alt- und Neustadt trennt und mehrere Brücken die Stadtteile verbinden. Darunter eben auch die bekannte und schöne Holzbrücke mit dem Wasserturm. Dass das Wahrzeichen der Stadt nebenbei auch eine der längsten und ältesten gedeckten Holzbrücken ist, würde er vermutlich nicht extra erwähnen. Sie wurde bereits in der ersten Hälfte des 14. Jahrhunderts gebaut. Als 1993 die Bilder des Brandes der malerischen Brücke um die Welt gingen, waren nicht nur die Luzerner erschüttert. Bis heute konnte die Ursache der verheerenden Flammen nicht geklärt werden. Zwei Drittel der alten Brückensubstanz wurden dabei zerstört. Von den ursprünglich 111 Bildtafeln im Giebel der überdachten Brücke fielen 89 dem Feuer zum Opfer. Diese im 17. Jahrhundert entstandenen Bilder zeigten Ereignisse der Landes- und Stadtgeschichte und schilderten zudem das Martyrium der

Stadtpatrone Leodegar und Mauritius. Die Stadt ließ sich den Wiederaufbau ihres Wahrzeichens 3,4 Millionen Franken kosten. Heute kann man wieder über Holzdielen zum berühmten achteckigen Wasserturm spazieren und das Panorama Luzerns genießen. Die fast 300 Kästen, bestückt mit blühenden und duftenden Blumen, verleihen der Brücke zusätzlich Charme. Und es fühlen sich nicht nur die unzähligen Spinnen wohl, die hier ein fürstliches Zuhause gefunden haben.

Wir haben uns im Hotel frisch gemacht und sind mit dem Bus zum Veranstaltungsort gefahren. Jetzt stehe ich neben Dominik auf einer Art Vorplatz, der über mehrere Stufen von der Straße aus nach oben zu erreichen war. Etwas verwirrt blicke ich aufs Hotel. Die Fassade des Hauses wirkt alt, sehr alt. Seine besten Tage hat es schon lange hinter sich, und ich frage mich, wie in diesem verfallenen Gebäude überhaupt noch Menschen wohnen können. Und doch: Auf der rechten Seite scheinen sich Wohnungen zu befinden, die, zumindest von außen betrachtet, in einem ähnlich schlechten Zustand sind wie der Rest des Gebäudes. Und hier soll die geschäftliche Veranstaltung stattfinden? Wo nur? Alles strahlt einen morbiden Reiz aus, die Farbe des Hauses und der weißen Fensterläden ist stark abgeblättert, das Dach stellenweise morsch. Manch eines der Fenster ist zerbrochen, es wirkt ganz und gar nicht so, als könnte man den Hauptteil des ehemaligen Hotels noch begehen. Als Filmkulisse für einen Horrorstreifen könnte das Hotel aber herhalten, durchaus.

Der Abend beginnt auf der großzügigen Terrasse mit einem *Apéro*. Zur Einstimmung gibt es ein Glas Wein, und wir haben Gelegenheit, in Ruhe anzukommen und die Wartezeit bis zum eigentlichen Essen damit zu verkürzen. Gerne wird ein *Apéro* übrigens auch genutzt, um etwa nach einem Vortrag noch in entspannter Atmosphäre bei einem

Glas Wein und kleineren Häppchen ins Gespräch zu kommen.

Nur das *Trottoir* und die Straße trennen die Terrasse vom Ufer des Vierwaldstättersees. Vor uns, auf der Wiese, befindet sich eine kleine Bar, die mit Fackeln und breiten Korbmöbeln die Gäste für den Ausklang des Tages lockt. Der Blick auf den See – hier und da blühen in zartem Lila die Magnolien, im Hintergrund die aufragenden Berge, deren Spitzen noch weiß vom Schnee sind: das hat schon was. Ich genieße die Aussicht und vergesse kurz meine Nervosität. Denn eigentlich bin ich furchtbar aufgeregt. Heute Abend lerne ich berufliche Kontakte von Dominik kennen, und es ist mir unangenehm, dass ich im Gegensatz zu Dominik immer noch kaum Schweizerdeutsch verstehe. Inzwischen hat ein Chor von Herren in gesetzterem Alter zu singen begonnen. Mich erinnert diese Gesangsgruppe, die mit ihren Akkordeons für Unterhaltung sorgt, irgendwie an einen Fischerchor. Ihre Kleidung, die Art der Musik – all das versetzt mich eher an die Nordsee als in die Alpen. Aber da ich dem Dialekt der Texte überhaupt nicht folgen kann, behalte ich meine Eindrücke besser für mich. Schließlich habe ich schlicht keine Ahnung, nicht dass dies ganz klassische schweizerische Musik ist ...

Als dann der Aufruf kommt, wir mögen uns hinein begeben, bin ich erst verblüfft und dann begeistert. An der linken Seite des Hotelgebäudes geht es fünf Stufen hinab, und plötzlich befinden wir uns mitten in einer Art Alpenhütte. Der Keller des langsam verfallenden Hauses ist herrlich ausgebaut, nichts erinnert an den Zustand über uns. Viel Holz, das Licht gedimmt, es ist urig und anheimelnd. Auf den rustikalen Tischen liegen rotweiße Karo-Decken, an den holzverkleideten Wänden hängen Gegenstände, die förmlich den Duft von frisch gemähtem Heu in die Nase steigen lassen. Auf der Speisekarte lese ich, dass es an diesem

Abend passenderweise das traditionelle *Fondue Chinoise* gegeben wird. Zur Vorspeise gab es einen *Nüsslisalat* mit Ei und Speck.

Vor uns ist bereits ein Gestell platziert worden, worauf nun der silberne Topf mit der heißen Brühe positioniert wird. Eine kleine Gasflamme darunter hält die Hitze. Jeweils zu viert teilen die Gäste sich einen Topf, wie auch das Käse-Fondue ist dies eine gesellige und gemütliche Variante eines Abendessens. In einem Nebenraum ist das Buffet mit den Zutaten aufgebaut: hauchdünn geschnittenes Fleisch, das, noch leicht gefroren, in feinen Röllchen wunderbar auf die Fondue-Spieße passt. Dazu gibt es Hackfleischbällchen, Gemüsestücke, Salat und verschiedene Saucen.

An den Tischen sind angeregte Unterhaltungen zu hören, während jeder seine Spießchen mit der Beute vom Buffet in den Feuertopf eintaucht und wartet, bis Häppchen für Häppchen gar ist. Mir persönlich schmeckt das Fondue mit geschmolzenem Käse noch etwas besser, aber den Männern um mich herum scheint es sehr zu munden. Neben Grillen ist dies vermutlich die einzige Form der Nahrungsaufnahme, bei der man ungehemmt Unmengen an Fleisch verdrücken kann. Rechts von mir sitzen inzwischen auch die Bandmitglieder, die bis eben für musikalische Unterhaltung gesorgt haben. Vier Männer unterschiedlichen Alters, die mit Gitarre, Schlagzeug und Gesang ein buntes Potpourri an Stücken beherrschen, sodass jeder Gast ab und an mit dem Fuß wippen kann.

Mir gegenüber sitzt Hansueli, Dominik kennt ihn über drei Ecken. „Du verstehst kein Wort, oder?" Er neigt den Kopf leicht nach links zur Bandtruppe. Meine Verlegenheit steht mir wohl ins Gesicht geschrieben, Hansueli wirft den Kopf in den Nacken und lacht laut auf. Bevor ich mich über seine Reaktion wundern kann, beugt er sich zu mir vor und schaut mich direkt an: „Mach dir nichts draus, die Solothurner kann ja auch keiner verstehen, außer man kommt von dort!" Die Aufmerksamkeit der Betreffenden ist geweckt. „Sorry, wir wollten niemanden ausschließen. Ich bin Mike, das ist mein Sohn Jörn, der älteste von uns ist Richard, und er hier", er klopft dem Mann mit Ziegenbart zu seiner Linken fest auf die Schuler, „heißt David." Ich hätte nie gedacht, dass Jörn sein Sohn ist – Mike sieht so jung aus. Nachdem wir uns auch vorgestellt haben, necken Hansueli und Mike sich noch ein wenig wegen ihrer Dialekte. Es ist schon was dran, bei den Herren aus Solothurn verstehe ich wirklich gar nichts, wenn sie untereinander sprechen. Doch nun sind sie alle sichtlich bemüht, Hochdeutsch zu reden, damit ich nicht wie ein Depp daneben sitzen muss. Sehr feiner Zug. Es wird ein richtig unterhaltsamer Abend.

Ich lerne noch eine nette Frau kennen, die mir von ihren Anfängen im Fürstentum Liechtenstein erzählt. „Ach, weißt du, aller Anfang ist schwer. Für mich war es auch hart. Ich war mit den Kindern viel alleine, während mein Mann arbeitete. Beim Kindergarten wurde ich anfangs von den anderen Müttern sehr skeptisch beäugt, aber mit der Zeit konnte ich ihr Vertrauen gewinnen. Wobei ich gehört habe, dass die Schweizer Seele noch verschlossener sein soll als die Liechtensteiner. Es liegt aber auch an uns Einwanderern, ob wir Anschluss finden – davon bin ich überzeugt!" „Und wie hat es bei euch geklappt?" „Mit viel Geduld, Zurückhaltung und zugleich Offenheit. Wir sind nicht so laut und auffällig wie manche unserer Landsleute. Es gibt schon Deutsche, bei denen es mich nicht erstaunt, dass sie unbeliebt sind. Wir sind immer wieder auf die Einheimischen zugegangen, da es uns wichtig erschien, auch mit Liechtensteinern Freundschaften zu schließen. Es soll ja leider recht schwierig sein und lange dauern, bis Schweizer neue Bekannte zu sich nach Hause einladen." Sehe ich in ihrem Blick etwa einen Funken Mitleid? „Mein Mann ist aktiv im

Verein, ich habe Mütter zum Kindergeburtstag eingeladen. Wir leben jetzt seit sechs Jahren dort, und ich möchte sagen, wir sind angekommen. Aber es war wirklich ein schwerer Anfang, da habe ich nicht nur eine Träne vergossen, weil ich mich einsam fühlte. Und das geht wohl den meisten in der ersten Zeit so." Aufmunternd drückt sie mir die Schulter. Komisch, ich hatte gar nichts Negatives erzählt. Nur, dass ich noch keinen Job habe ... Aber vermutlich kann sie sich eben aus eigener Erfahrung den Rest denken.

Wenige Tage, nachdem Luzern mich verzaubert hat und ich erneut das Glück kaum fassen konnte, in solch einem schönen Land leben zu können – da stupst die Presse meine Nase wieder deutlich auf das zweite Gesicht der Schweiz. Es ist nicht das erste Mal, dass wir solche Schlagzeilen lesen. Doch heute scheinen die Stimmen besonders laut. „Schweizer ekeln Deutsche raus: Viele Deutsche kommen in die Schweiz, um hier zu arbeiten. Doch immer mehr gehen zurück, weil sie sich nicht willkommen fühlen." Da heißt es, dass die Anfeindungen gegen Deutsche zum Teil solche Ausmaße annehmen, dass diese sich regelrecht sozial isoliert fühlen. Eine andere Zeitung untermauert dies, indem sie schreibt, dass immer mehr Deutsche wieder „nach Hause" gehen, weil sie in der Schweiz privat nicht Fuß fassen können. Das Gefühl, unerwünscht zu sein, nage, und die Einsamkeit treibe die Einwanderer fort. Dies sei der Hauptgrund, warum rund ein Drittel der Deutschen nach bereits achtzehn Monaten wieder in ihre Heimat zurückkehrten.

Diese Not der Deutschen gipfelt in Zürich und Bern in der Bildung von Selbsthilfegruppen. Dort können sich Betroffene über ihre Erlebnisse austauschen. Es sollen auch Schweizer ausdrücklich willkommen sein, um die Völkerverständigung etwas voranzutreiben. Dies zeige auch, heißt es weiter in der Zeitung, dass eben nicht alle Deutschen arrogant sind und, laut polternd und strotzend von Selbstbewusstsein, Chef werden wollen. Es gibt eben auch jene, die sich die fiesen Zwischentöne zu Herzen nehmen und es nicht mehr aushalten, dass man ständig liest und hört, wie wenig „der Schweizer" den Deutschen mag.

Unter jedem Artikel im Internet zu dem Thema „Deutsche in der Schweiz" finden sich unzählige Kommentare von Lesern. Ein unerschöpflicher Diskussionsbedarf scheint hier zu herrschen. Die einen, die gegen die überheblichen, taktlosen Deutschen schimpfen, die anderen, die sagen: „Liebe Schweizer, seid doch etwas toleranter und offener." Oder dass das Geschimpfe typisch sei für die Engstirnigkeit der Einheimischen. Und dann noch jene Kommentare, die sagen: „Gebt doch alle mal Ruhe, es gibt in jedem Land um die zehn Prozent Dummschwätzer."

Angeheizt wurde die ganze Diskussion im Jahr 2012, als die Nationalrätin der SVP Natalie Rickli offen ausgesprochen hat, was manch einer denkt: „Es hat zu viele Deutsche in der Schweiz." Dieses TV-Interview schlug hohe Wellen und verärgerte Inländer wie Ausländer. Eine Konsequenz ihrer klaren Worte war dann auch, dass kurz darauf Deutsche aus ihrer Empörung heraus ihren Urlaub in der Schweiz absagten.

Die Beziehung zwischen den Völkern ist ein Phänomen: zumindest zwischen den Deutschschweizern und den Deutschen, denn hier scheint das Problem am stärksten aufzutreten. Vielleicht, weil man sich doch zu ähnlich ist? So ähnlich, dass man sich bei den Feinheiten hineinsteigern kann oder muss? So wie die Wessis über die Ossis ablästern und umgekehrt. Oder sind die kulturellen Unterschiede so vielschichtig, dass man sich nicht grün werden kann?

Dass die Schweiz einen Ausländeranteil von fast 24 Prozent hat, nimmt sicherlich Einfluss auf das Gefühlsleben der Menschen. Zum Vergleich: In Deutschland liegt dieser Wert bei rund neun Prozent. Und der Anteil der Deutschen an der Schweizer Bevölkerung ist stetig gestiegen. Die Zahlen variieren je nach Quelle, eine Tendenz ist aber mehr als deutlich: Waren es 1995 knapp 97 000 Deutsche, lebten 2012 bereits fast 300 000 in der Schweiz, einem Land mit etwas mehr als acht Millionen Einwohnern. Frau Rickli setzte es in ihrer Rede ins Verhältnis, um deutlich zu machen, dass die „Masse der Deutschen" das Problem sei: „In der Schweiz leben 276 000 Deutsche. Rechnen wir das auf Deutschland um, wären 2,7 Millionen Schweizer in Deutschland."

Dass inzwischen mehr Deutsche ab- als einwandern, dürfte vermutlich einige erfreuen, die Arbeitgeber allerdings ärgert es. Sie suchen ja gezielt ausländische, gut ausgebildete Leute. Dieses „Anti-Deutschen-Klima" machen sich nun wiederum deutsche Arbeitgeber zunutze. Es gibt Veranstaltungen in Schweizer Großstädten, die genau auf diese unzufriedenen Deutschen abzielen. Es wird versucht, deutsche Hochqualifizierte wieder in die Heimat zu holen. Das Gehalt wird man in Deutschland kaum erhalten, dafür „Anerkennung und das Gefühl willkommen zu sein". Es wird mit „Heimat" gelockt, und damit treffen sie einige der Angesprochenen mitten ins Herz, wie die hohen Besucherzahlen dieser „Werbeveranstaltungen" zeigen.

Wie auch immer, es sind die Zuzügler aus „dem großen Kanton", wie Deutschland scherzhaft genannt wird, die bei manchen Einheimischen für Verunsicherung sorgen. Als ich einen Tag in einem Berner Unternehmen hospitierte, war ich sehr überrascht über die Offenheit von zwei Herren der Leitung. Beim Mittagessen kam das Thema „Sprache" auf den Tisch. Der eine sagte: „Deutsche können sich so gut ausdrücken, das beneide ich." Woraufhin der andere einbrachte: „Das führt eben tatsächlich dazu, dass wir Schweizer uns schnell unterlegen fühlen. Das Hochdeutsche beherrschen wenige so wie ein Deutscher, und da kann man sich schnell unfähig fühlen, einer Diskussion standzuhalten. Zumindest meiner Erfahrung nach ist dies ein Grund für die Minderwertigkeitskomplexe bei Schweizern gegenüber Deutschen." Dass solch ein Gefühl nicht gerade für Offenheit und Freude sorgt, ist irgendwie verständlich.

Und was fange ich mit alldem nun an? Meine Erfahrungen bei der Jobsuche, gepaart mit diesen immer wiederkehrenden Zeitungsartikeln, erzeugen einen faden Beigeschmack. Wirklich willkommen fühle ich mich im Augenblick nicht. Immerhin, ich kann froh sein, dass Dominik von netten Arbeitskollegen spricht und unsere Nachbarn uns ebenso aufgeschlossen begegnen – das lässt hoffen. Sicherlich schadet es auch nicht, das Ganze mit ein wenig Humor betrachten. Eine Karikatur lässt mich schmunzeln: Zu sehen sind zwei Osteuropäer, die sich unterhalten und auf einen Deutschen zeigen: „Was bin ich froh, dass die Deutschen jetzt da sind, damit haben wir nun unsere Ruhe." Hintergrund ist, dass vorher Menschen aus Südosteuropa wie Kroaten, Albaner und Serben oft in den Medien als die unbeliebten Einwanderer diskutiert wurden.

Satirisch geht auch der Regisseur und Kabarettist Viktor Giacobbo mit seinem Kinofilm „Der große Kanton" an das Thema heran. Mit viel Humor und Prominenz wird die Idee erörtert, ob es eine gute Idee sei, Deutschland als 27. Kanton an die Schweiz anzuschließen.

Mai

VELIME, IVANKA UND JENNI sitzen in unserer Küche. So sehr habe ich mich auf ihren Besuch an diesem Wochenende gefreut. Und doch muss ich mich gerade etwas eingewöhnen. Derzeit verbringe ich viel Zeit mit mir alleine, und da grenzt es fast an Reizüberflutung, inmitten des Geplauders zu sein. Wenn mein Mann redet, dann gewöhnlich eben leiser, weniger und nur er.

Plötzlich steht Dominik in der Küche: „Hey zusammen!" Ich habe ihn gar nicht kommen gehört. Muss daran liegen, dass ich mich langsam akklimatisiere und aufgeregt darüber mitquassele, was es alles Neues gibt. „Hey Dominik, Jenni hat auf der ganzen Hinfahrt Schweizerdeutsch geübt und kann es schon perfekt", ruft Ivanka mit einem Lachen in der Stimme aus. „Wir waren uns nur nicht sicherli, ob wir sindi auf der Autobahnli oder Landstraßli", gackert Jenni los.

Mit vor Schreck geweiteten Augen läuft Dominik zum Fenster „Ich mache das mal zu. Ich hoffe, Stefanie hat das nicht gehört." „Sitzt sie auf der Terrasse?" Mit einem Nicken bestätigt er meine Befürchtung.

„Leute, wenn die Schweizer eins nicht leiden können, dann ist es, wenn Deutsche sich über ihre Sprache lustig machen. Bitte lasst das, vor allem in der Lautstärke. Wir wollen hier noch eine Weile in Frieden mit den Nachbarn wohnen".

Velime und Ivanka gucken etwas betreten. Es tut mir auch irgendwie leid, ihnen direkt den Spaß zu nehmen, aber puh, das ist zu viel. „Aber die reden doch so! Häusliii, Hasiii, Herzliii, Züriii." Jenni gerät, zumindest etwas leiser, direkt wieder ins Kichern. „Es ist schon was dran mit den ‚li' am Ende, manches Mal muss ich auch noch darüber schmunzeln, weil es eben an einigen Stellen tatsächlich auftaucht. Das Klischee scheint also durchaus seine Daseinsberechtigung zu haben. Aber es mit einem Lächeln zur Kenntnis zu nehmen oder sich darüber lustig zu machen – da liegt der entscheidende Unterschied. Niemand wird doch gerne wegen seiner Sprache veralbert. Und es kommt darauf an, wo und wie man das ‚li' anhängt. Da können wir Deutschen nur mit Anlauf in die Fettnäpfchen springen, wenn man es auf gut Glück mal überall dran hängt. Es ist dann entweder offensichtlich, dass man sich lustig macht, oder aber es wirkt zumindest so", versuche ich unsere Haltung zu erklären.

Denn das war uns von Beginn an ein Anliegen: Wir möchten uns integrieren, dem neuen Land mit all seinen Besonderheiten mit Respekt begegnen. „Ein No-Go ist etwa *Fränkli* zu sagen, wenn ihr von der Währung sprecht. Die Schweizer sind durchaus stolz auf ihren stabilen Franken", ergänzt Dominik. „Und was wären Beispiele, wo es richtig ist?" Ivanka wirkt ehrlich interessiert. „Puh, mal überlegen. Etwa wird aus einem Häuschen das *Hüsli*, aus dem Brötchen das *Brötli*, aus Blümchen wird das *Blüämli*. Aber das Gefährliche ist eben, dass es Wörter gibt, die nichts mit Verkleinerung oder Verniedlichung zu tun haben. Das heißt dann einfach so. An anderer Stelle wäre das ‚li' gänzlich unpassend. Also, ich habe den Dreh bei weitem noch nicht raus. Deshalb: einfach sein lassen, wenn ihr euch nicht lächerlich machen wollt." Dominik hofft auf Einsicht, offensichtlich.

„Spannend wird es vor allem, wenn eine andere Aussprache etwas anderes meint. Wenn ihr etwa mal in die Verlegenheit kommt, euch in einem Lokal Haferflocken mit allem Drum und Dran bestellen zu wollen: Das wäre dann das *Müesli*. Ein kleines graues *Müsli* mit langem Schwanz meint ihr ja sicher nicht", erkläre ich amüsiert.

Dominik wechselt das Thema: „Mal zurück zur Anreise, was meintet ihr eben mit der Autobahn?" „Wir wollten die 40 Franken für die Vignette sparen. Wenn man hier ein Jahr damit rumfahren kann, finde ich den Preis gar nicht so hoch, aber für zwei Mal kurz über die Autobahn düsen, das ist schon teuer. Also wollten wir über Land zu euch kommen. Aber irgendwie ... Ist die Autobahn grün oder blau beschildert?" Velime und die anderen schauen etwas unsicher.

„Das Schild für die Autobahn ist grün", erwidert Dominik. „Tja, dann sind wir wohl böse Autobahnschwarzfahrer." Die drei lachen unbekümmert.

„Na, so locker würde ich das lieber nicht sehen. Bei den Strafen für Vergehen im Straßenverkehr ist man hier nicht gerade zimperlich. Ich bin mal mit sage und schreibe zwei Stundenkilometern zu schnell geblitzt worden: 40 Franken!"

„Hier kann man sogar in den Knast wandern, wenn einem gefährliche Raserei bewiesen werden kann. Also diese fiesen, zu schnell fahrenden Drängler können hier richtig hart bestraft werden."

„Echt jetzt?" Jenni reißt die Augen auf. „Ja, es war wohl schon länger Thema in Politik und Öffentlichkeit, dass Raser bislang mit zu milden Urteilen davonkamen. Dann gab es eine entsprechende Volksinitiative, die genau diesen Nerv traf." Seitens der Politik fand der Initiativentext Anklang, und kurzerhand wurde ein Gesetz daraus erarbeitet. Damit war eine Abstimmung vor dem Volk nicht mehr notwendig, und die Initianten zogen das Thema zurück. Konkret sind damit Aktionen wie waghalsige Überholmanöver gemeint, bei denen andere *Automobilisten* in Gefahr geraten. Oder wenn jemand zum Beispiel in einer Dreißigerzone mit vierzig Stundenkilometern geblitzt wird.

So verplaudern wir den Abend, und zwischendurch stelle ich immer wieder mal fest, dass wir ganz schön laut sind. Nun denn, wir haben ja wirklich selten Besuch.

Auch meinen Mädels möchte ich Zürich zeigen. Ihr erster Wunsch zielt aber nicht auf Sehenswürdigkeiten, sondern darauf, ein paar kleine Andenken zu erstehen. „Mannomann, mit ihrer Flagge geizen die Schweizer aber wirklich nicht!" Velime schaut auf die verschiedenen Souvenirs in Rot-Weiß. „Nein, das finde ich auch. Und es ist für mich immer noch etwas befremdlich, dass in so vielen Vorgärten oder an Balkonen die Flagge hängt." Gerade halte ich einen Babybody in der Hand – in Rot mit einem weißen Kreuz dort, wo das Herzchen schlägt. „Wobei viele Länder ja wesentlich ungezwungener als wir Deutsche mit ihren Flaggen umgehen und darüber ein Stück Nationalstolz ausdrücken, ohne dass es sich immer gleich um extreme Nationalisten handelt." „Das stimmt, Ivanka. Da bin ich als Deutsche vielleicht anders sozialisiert und noch etwas sensibel." „Hier ist es aber schon extrem! Mal ehrlich, was hat ein Aschenbecher mit Flagge für eine Aussage?" Velimes Blick wird immer kritischer. „Ist euch schon aufgefallen, dass die Schweizer Fahne quadratisch statt rechteckig ist?" Darauf hatte mich Heidi letztens hingewiesen. Meine Besucherinnen schauen nun nochmal genauer hin. „Stimmt, hätte man eigentlich bemerken müssen, so oft, wie sie einem hier unter die Nase gehalten wird." Velime wird wohl ein anderes Andenken mit nach Hause nehmen. Denn bei dem Kitschkram mit Bergen und Kühen sieht sie wieder ganz verzückt aus. Letztlich wählt sie einen hübschen Kühlschrank-Magneten aus und wirkt damit sehr zufrieden.

Unser Spaziergang führt uns zum Paradeplatz, den ich mir wegen seines Namens früher irgendwie prachtvoller ausgemalt hatte. Er gilt als das Herzstück der Bahnhofstraße. Mitten auf dem Platz befindet sich ein Knotenpunkt, um mit Trams in alle Richtungen fahren zu können. Zwar gibt es hier eine sehr schicke öffentliche Toilette unterhalb des Ticketverkaufshäuschens. Aber die vielen Straßenbahnhaltestellen entstellen diesen berühmten Platz. Der Blick auf die imposanten Häuser der Großbanken Credit Suisse und UBS lassen dennoch erahnen, welcher Reichtum sich hier findet. Nicht nur in der Schweizer Ausgabe des Monopoly-Spiels gilt dies als der teuerste Platz Zürichs. Wenige Straßen weiter befindet sich die Börse der Stadt, und in dieser Gegend trifft man unverhältnismäßig viele Personen in schicker, teurer Kleidung. Die Herren im Anzug, mit blankpolierten Schuhen und Businesstasche in der Hand. Die Damen im dezenten, schicken Kostüm, teuren Lederpumps, *tiptop* geschminkt und frisiert. Ein eigener Kosmos inmitten des gewohnten Treibens der Stadt.

„So, die Damen, dies ist das berühmte Café von Sprüngli." Mit einer fast schon bühnenreifen Verbeugung zeige ich auf das Gebäude, das bereits seit 1859 das Stammhaus der Confiserie ist. „Wir könnten dort einen Kaffee trinken und vielleicht etwas Feines naschen, ein paar *Pralinés* oder so. Das Ambiente des Cafés soll sehr schön sein. Drin war ich allerdings noch nie. Es soll preislich etwas gehoben sein, aber wir könnten uns das ja mal gönnen, hm?" „Och, nö, Lindt haben wir selber in Aachen. Lass uns lieber ein anderes Café suchen." Einigkeit unter den Besucherinnen.

„Was hat es damit denn auf sich, ist Aachens Lindt dann eigentlich Schweizer Schokolade?", fragt Jenni nach. Wir vier kennen die Fabrik von Lindt in Aachen nur zu gut, unser Arbeitsplatz befand sich quasi nebenan, und es duftete oft so köstlich nach den Leckereien, dass man ab und zu die Mittagspause nutzte, um im Werksverkauf etwas zum Naschen zu besorgen.

„Soweit ich weiß, wurde Lindt von Sprüngli aufgekauft, und Aachen ist nur eine Außenstelle des Schweizer Unternehmens. Damit die Pralinen etc. immer schön frisch sind und nicht durch die Gegend reisen müssen."

Rodolphe Lindt hatte 1879 das Conchieren entwickelt, ein Verfahren, mit dem eine Schokolade herstellt wurde und wird, die, so heißt es, „in Aroma und Schmelz allen anderen ihrer Zeit hoch überlegen war". 1899 wurden die Lindt-Chocolademanufaktur und zugleich das exklusive Fabrikationsgeheimnis der schon damals berühmten Marke von Sprüngli aufgekauft. Erst seit 1988 gibt es die Fabrik von Lindt & Sprüngli in Aachen.

Für die Schokoladenmarke wirbt übrigens der Schweizer Tennisspieler Roger Federer, der mit siebzehn gewonnenen Grand-Slam-Turnieren weit über die Landesgrenzen berühmt wurde. Bei Lindt & Sprüngli findet man für den ersten Markenbotschafter in der Unternehmensgeschichte eigene Worte: Er verkörpere „in einzigartiger Weise die für Lindt & Sprüngli grundlegenden Werte wie ‚Swissness', ‚Premiumness', ‚Qualität' und ‚Leidenschaft'". Zumindest in der Schweiz dürfte die Werbung für *Schoggi* aber völlig unnötig sein. Bereits seit Jahren werden hier rekordverdächtige zwölf Kilo pro Nase im Jahr verzehrt, damit sind die Schweizer Spitzenreiter in der Welt.

Den Rest des Tages verbringen wir gemütlich mit *lädele* und *käfele*. Wir bummeln, trinken Kaffee, plaudern über alles Mögliche und genießen einfach die Zeit. Am Sonntagmorgen steht schon wieder die Heimreise auf dem Programm. Dominik und ich haben uns überlegt, die drei bis zur Grenze zu begleiten. Via Landstraße fahren wir voraus, damit die Damen nicht doch noch wegen Schwarzfahrens *gebüsst* werden. Unsere Fahrt verbinden wir mit einem Besuch am Rheinfall. Schon beim Frühstück lud der Name zu diversen Witzchen ein. Vor Ort aber macht sich beeindrucktes Schweigen breit: Mit 23 Metern Höhe und 150 Metern Breite liegt der größte Wasserfall Europas auf Schweizer

Gebiet. Den Rhein kennen wir gemächlich fließend aus Köln, hier aber stürzt er nun laut tosend über Gestein. Eine faszinierende Naturgewalt! „Hier sind schon Leute mit dem Kajak runter gefahren." Dominik schaut beeindruckt in die Fluten. „Das ist doch verboten, oder?" Alarmiert starre ich ihn an. „Ja, ja, klar. Keine Sorge, so was würde ich nicht fahren. Wobei ..." Ich stupse ihm den Ellbogen in die Seite und er schaut verschmitzt, schüttelt dann aber den Kopf. Das wäre ja irre!

Wir möchten unserem Neujahrsvorsatz gerecht werden und planen schon wieder einen Ausflug. Das *Auffahrts*-Wochenende (also Christi Himmelfahrt) steht vor der Tür, und Dominik hat vier Tage frei. Das Wetter soll leider nicht so doll werden, aber genau deshalb kommt uns die Idee, ins Tessin zu fahren – auf die Alpensüdseite, in die Sonnenstube der Schweiz.

Schon zur Zeit meiner Ausbildung im Reisebüro wollte ich hierhin! Palmen, Berge, Seen, bunte Häuser, Sonnenschein. Leider weiß ich auch, dass das Gebiet nicht gerade zum Niedrigpreissektor gehört.

Einige Tage vorher rufe ich bei dem Campingplatz an, den wir uns ausgesucht haben. Der junge Mann am Telefon begrüßt mich auf Italienisch. Auf meine Frage, ob er Deutsch spricht, werde ich mit einem kurzen „Moment, hole Kollegin" samt Hörer auf den Tisch gelegt. Stimmt ja – nicht nur, dass dieser Teil der Schweiz weitgehend von Italien umgeben ist, die Amtssprache des Kantons ist Italienisch. Das Tessin macht den größten Teil der italienischsprachigen Schweiz aus. Im Gegensatz zur Deutschschweiz ist es in dieser Region nicht üblich, überall Dialekt zu sprechen. Was in der Ostschweiz ganz normal ist – auch gegenüber Vorgesetzten wird Mundart gesprochen –, wird im Tessin in der Regel vermieden, es heißt dort, der Dialekt sei nicht „salonfähig". Zwar gibt es auch hier in der *Migros-Klubschule* Kurse, um Tessiner Dialekt zu lernen – aber die sind nur für Leute gedacht, die bereits einen der hiesigen Dialekte in Grundzügen beherrschen. Es geht nicht darum, z. B. als Berner, der seine Pension im sonnigen Tessin verleben möchte, den Dialekt der Einheimischen zu erlernen.

Es tut sich was am anderen Ende der Leitung. Mit der Kollegin kommt meine Rettung in Sachen Unterkunft. Denke ich zumindest, bis sie mich mit Akzent, aber auf Deutsch aufklärt: „Wir reservieren nicht. Es hat 860 Plätze, entweder haben wir Platz oder nicht."

Gut, der Campingplatz ist nicht gerade beschaulich, aber Lage und Preis-Leistungs-Verhältnis scheinen der Knaller zu sein. Wir beladen das Auto mit Zelt und allerlei Kram, und ab geht's ins lange Wochenende direkt an den Lago Maggiore. Da auf den Autobahnen generell höchstens Tempo 120 erlaubt ist, erleben wir die Anreise stressfrei. Es ist wirklich wesentlich entspannter, wenn nicht plötzlich jemand mit 200 Sachen auf dem Tacho angeschossen kommt und mich mit Licht-hupe auf die rechte Spur scheucht.

Welch ein schlauer Schachzug, schon am Mittwoch anzureisen! Bereits jetzt sind viele der Parzellen mit Zelten oder Wohnwagen belegt. Und am morgigen Feiertag hätten wir bereits mittags keine Chance mehr auf einen Platz gehabt – bei 860 Parzellen durchaus beachtlich.

Tessin, das beliebte Ziel für einen Kurzurlaub der *Zücchin*, wie hier die wenig schmeichelhafte Bezeichnung für die Deutschschweizer Landsleute lautet und was so viel wie „Kürbis" bedeutet.

Die Sonne will an diesem Feiertag wirklich noch nicht so wie wir. Mit Regenkleidung fahren wir ins Verzascatal. Vorteil des schlechten Wetters ist, dass nur wenige Touristen sich raus in die Natur wagen. „Ich habe eben mal in der Karte nach einem schönen Weg geschaut, der etwas abseits liegt. Die *Ponte dei Salti* sehen wir uns einfach später an, vielleicht mit etwas Sonne!"

Dominik parkt den Wagen und zückt sein GPS-Gerät. „Da geht's hoch." Wir stapfen einen schmalen Pfad hinauf, der sich im noch zarten Grün verliert. Das Waldstück lichtet sich, und ein schmales Tal öffnet sich vor uns. Rechts eine steile, bewachsene Felswand, unzählige kleine Wasserfälle und ein tosender Fluss. Wir wagen ein paar Schritte näher ans Ufer, die Wiese ist rutschig, und der reißende Bach liegt ein ganzes Stück unter uns. Laut und wild rauscht das Wasser in schmalen Linien über große Felsbrocken den Hang hinunter. Dort liegt noch ein dickes Schneebrett im Flussbett. Zeuge des nicht enden wollenden Winters dieses Jahr. An der Oberfläche grau, wirkt es schmutzig, zum Fluss hin öffnet sich der Schneeberg, und das Wasser sprudelt hervor. Auch auf den umliegenden Gipfeln liegt noch Schnee. Auf die ganz hohen Berge werden wir wohl verzichten müssen. Der Regen lässt nach, und wir stoßen auf ein paar zerfallene Häuschen. Sie sind im gleichen Stil gebaut wie viele der alten Orte hier in der Gegend: komplett aus Stein. Wände wie Dach bestehen aus groben, grauen Steinplatten. „Es wirkt fast schon mystisch hier", flüstere ich ehrfurchtsvoll. Vor einem dieser düsteren Häuser ragt ein toter Baum empor. Ihn hat offensichtlich ein Blitz erwischt. Das satte Grün der frischen Triebe, die rauschenden Wasserfälle, die an vielen Stellen aus dem Berg treten, und diese verlassenen, trist erscheinenden Häuschen schaffen ein surreales Bild.

Plötzlich zucke ich vor Schreck zusammen. Beim Weitergehen haben wir gar nicht wahrgenommen, dass ein Haus noch bewohnt ist. Auf den Stufen vor der Eingangstüre löffelt eine ältere Frau eine Schale Suppe. *„Buon giorno"*, ruft sie vergnügt zu uns herüber. Offenbar genießt sie die Sonnenstrahlen, die sich inzwischen durch die Wolken kämpfen. Ebenso ihre getigerte Katze, die es sich zu ihren Füßen gemütlich gemacht hat.

Nach der Stille dieses verwunschenen Hangs sind wir nun bereit für etwas Touristenprogramm: die *Ponte dei Salti*, viel fotografiertes Wahrzeichen des Valle Verzasca. Aber alles zu seiner Zeit. Erst einmal möchte eine Herde Schafe gemütlich die Straße kreuzen. Es bildet sich eine Autoschlange, wir mitten drin, um uns herum lautes Geblöke. Was für ein Bild!

In Lavertezzo besichtigen wir die sogenannte Römerbrücke. Der Fluss, dessen Farbe mit flüssiger Jade verglichen wird, fließt hier durch ausgewaschene Felsgebilde. Über die Verzasca spannt sich die eigentlich im 17. Jahrhundert erbaute Doppelbrücke. Darunter laden die großen, über die Jahre vom Wasser rund gewordenen Felsblöcke im Sommer die Badewilligen als Sprungstein oder zu einem Sonnenbad ein. Wildromantisch wirkt die Szenerie selbst an diesem Tag kaum mehr, da sehr viele Touristen dieses Gebiet um die Brücke bevölkern.

Den folgenden Tag beginnen wir mit der Besichtigung der Staumauer am Eingang des Valle Verzasca. Der Lago di Vogorno dient der Elektrizitätsgewinnung, und hinter der gewaltigen Staumauer fließt die Verzasca heute nur als kleines Rinnsal die verbleibenden zwei Kilometer bis in den Lago Maggiore. Dieses imposante Bauwerk, von manchen auch als graues Betonungetüm geschmäht, gilt mit seinen 220 Metern als eine der höchsten Staumauern Europas. Hier kann man James Bond nacheifern, der den Damm im Film „Goldeneye“ mit einem besonderen Stunt berühmt machte. Und wie es der Zufall will, werden wir Zeuge eines solchen 007-Bungeejumpings.

Kaum sind wir eingetroffen, steht auf einem Sprunggestell, das an einen Turm im Schwimmbad erinnert, schon ein junger Mann. An seinen Knöcheln leuchten lilafarbene

Manschetten, das Seil daran ist ziemlich dick. Er lächelt, richtig entspannt wirkt aber nicht. Der Helfer hinter ihm zählt ihn an. Schon springt er, Kopf voran, entlang der glatten Betonmauer in die Tiefe. Er schreit, und mir stockt der Atem. Als würde er jeden Augenblick gegen die Betonmauer geschleudert. Das Seil katapultiert ihn in die Höhe, und sofort geht's wieder mit dem Kopf voran Richtung Felsboden. Es soll ja schon Leute gegeben haben, die sich bei so einer Aktion nicht nur im übertragenen Sinn in die Hose gemacht haben. Aber dieser James-Bond-Nacheiferer sieht *mega* geflasht aus, als ihn das gelbe Teil, das an einen Angelhaken erinnert, schließlich nach oben zieht. *„Das isch huuäre geil!“*, höre ich ihn rufen. Na, wenn das mal kein Deutschschweizer ist. Hurengeil? Als ich den Ausruf das erste Mal hörte, war ich vermutlich ähnlich irritiert wie unsere Eltern, als wir in der Jugend alles geil fanden. *Huuäre* ist im Grunde eine Steigerungsform von gut oder schlecht. Was für ein Start in den Tag!

Danach wirkt die Besichtigung von Locarno fast ein wenig fad. Was auch daran liegen mag, dass wir die Stadt am Lago Maggiore vom Ufer aus kennenlernen. Und hier hält sich der Charme in Grenzen. „Auf den Bildern sahen die Orte im Tessin irgendwie hübscher aus.“ „Ja, diese alten, hässlichen Häuserfassaden grenzen schon an eine ziemliche Bausünde für so eine herrliche Lage.“ „Leider. Den Fehler haben ja viele Touristenorte gemacht. Hauptsache viele Betten, doch diese Betonklötze verschandeln wirklich das Stadtbild. Aber die Palmen und Blumen sind schön!“

Die wärmste Stadt der Schweiz wirkt durch diese südlichen Gewächse mediterran. Wir spazieren ein wenig herum und laufen automatisch auf die Piazza Grande. Alle Gässchen der Altstadt treffen sich hier. Gerade findet ein Trödelmarkt statt, und wir stöbern ein wenig in den alten Dingen. „Schau mal, hier werden private Postkarten verkauft.“ Ich runzele verwundert die Stirn, finde es eigenartig und interessant zugleich, mir die handgeschriebenen Ansichtskarten anzusehen. Irgendwie aber auch seltsam, warum sollte ich eine Ferienkarte kaufen, die irgendjemand mal geschrieben hat und vom schönen Wetter im Juni 1964 erzählt? Stattdessen ergattern wir eine Art Käsehobel und Besteck. Zweimal alles von Gabel bis Löffel – wer von uns nun so unglaublich schlau war, das Besteck nicht einzupacken, um campen zu gehen, darüber konnten wir uns heute früh nicht einigen. Wohl aber darüber, dass wir nicht alles mit einem *Sackmesser*, also einem Taschenmesser, bewältigen können.

Die Piazza Grande, auf der jährlich ein berühmtes Filmfestival stattfindet, zeigt uns die schöne Seite der Stadt. Dicht an dicht drängen sich die alten Häuser, in warmen Farben getüncht und rot gedeckt, was das Gefühl von Süden und Urlaub unterstreicht. Wir stromern durch die Straßen und stoßen auf eine alte Burg. Bereits im 12. Jahrhundert erbaut, ist heute noch etwa ein Fünftel des Castello Visconteo im ursprünglichen Zustand erhalten.

Nun haben wir doch noch unseren Frieden geschlossen mit Locarno, und es kann weitergehen nach Ascona. Nur wenige Autominuten entfernt, erobert dieser Ort mein Herz im Sturm. *Das* ist das Tessin, wie ich es von Kalenderbildern und Postkarten her kenne. Die kleinen Häuser sind kunterbunt, jedes trägt seinen eigenen Ton, die Fensterläden in einer anderen Farbe. Überall blühen Blumen, es duftet nach Süden, und die Palmen in den Vorgärten bilden das i-Tüpfelchen. So hatte ich mir das vorgestellt! Schmal und verwinkelt sind die Gässchen der Altstadt, die Aussicht über den Lago Maggiore ist weit, sein Ende nicht zu erkennen, und Locarno liegt hinter einer kleinen Landzunge versteckt. Das Wasser wirkt klarer hier, einzig die Yachten stören. Zumindest unsere Aussicht auf die Seepromenade. Denn ausgerechnet heute findet eine Yacht-Ausstellung direkt auf der

Flaniermeile des Ortes statt, wo sich unzählige Cafés und Restaurants befinden. Für uns die beste Gelegenheit, einen kleinen Eindruck von der Fülle des Geldbeutels der hiesigen Gäste zu gewinnen. Denn die Personen, die gerade auf den Schiffen herumlaufen und sich mit den Verkäufern unterhalten, wirken so, als passten sie auf diese Gefährte.

Wir schlendern durch die Gassen, vorbei an den Häuschen in Lila, Gelb, Orange, Rosa, Rostrot, Türkis etc. und stoßen auf die Kirche San Pietro e Paolo. Der hohe Glockenturm der Säulenbasilika aus dem 16. Jahrhundert ist als Wahrzeichen des Ortes bekannt.

Zeit für eine Stärkung. Etwas versteckt entdecken wir ein urig wirkendes Lokal: ein für das Tessin typisches *Grotto*. Es heißt, dass diese Lokale traditionell ein schattiges Plätzchen in einem Garten oder einer Terrasse bieten und es lokale Köstlichkeiten gibt. „Ob das eine private Gesellschaft ist?", frage ich Dominik, als wir am Eingang zu einem Garten stehen. Wir sind etwas unschlüssig, sehen dann aber den Zettel „Menü: in der Küche fragen". Auf Deutsch. Gut, die scheinen auf Touristen ausgerichtet zu sein. Die Terrasse gleicht einem verwunschenen Garten. Ringsum Mauern, grün bewachsen, hier und da eine Palme und in der Mitte eine Vielzahl von schweren Holztischen plus passenden Bänken zu beiden Seiten. Wir können nicht widerstehen und bestellen *Brasato:* Schmorbraten mit Polenta. Selten habe ich so einen feinen Maisbrei gegessen wie in diesem Garten. „Morgen kochen wir aber mal selber." Dominik sieht sehr zufrieden aus, aber unser neues Besteck wollen wir unbedingt noch einweihen.

Den nächsten Tag verbringen wir mit Wandern. Die Aussicht über die grünen Hügel, die hohen Gipfel und den großen Lago Maggiore, das ist der Inbegriff von Ferien. Allerdings ist das Wetter wechselhaft, und abends endet der Spaß: Es schüttet ununterbrochen, die Zelte flattern im Wind, der

Regen prasselt. Es trommelt so laut auf den Stoff über uns, dass ich kaum einschlafen kann, obwohl mich meine Beine die Wanderung spüren lassen. Ich drehe mich von rechts nach links und wieder auf den Rücken und starre in der Dunkelheit die Zeltdecke an. Mit der Isomatte schwimmen gehen, stelle ich mir nicht so entspannt vor. Dann lullt mich das gleichmäßige Prasseln doch noch ein.

KNACK, vom lauten Geräusch schlagartig hellwach, frage ich in die Dunkelheit: „Was war das?“ Dominiks Stimme klingt frustriert: „Eine Zeltstange.“ Damit schält er sich aus dem Schlafsack. Ein Hoch auf Regenklamotten, Kopflampe und einen Ehemann, der auf so was vorbereitet ist, also nachts um drei die Stange repariert, damit uns nicht das Zelt einkracht.

Zwei Gedanken nehmen wir mit aus unserem Kurzurlaub im Tessin. Erstens: Wir kommen wieder. Zweitens: Wir fahren nie mehr an einem Sonntag nach einem Feiertagswochenende zurück! Dominiks Arbeitskollegen hatten neben schönen Wander- und Ausflugstipps auch von viel Verkehr gesprochen. Für viele ist der obligatorische Gotthard-Stau ein Grund, eben gerade nicht ins Tessin zu reisen.

Wir haben uns die Warnungen zu Herzen genommen und die Rückreise für den Abend geplant. So verbringen wir den sonnigen Tag noch im mediterranen Flair und möchten abends gegen 20 Uhr los. Drei Stunden Rückfahrt, das passt doch. Das Navi meldet uns jedoch: drei Stunden Stau. Drei Stunden zusätzlich?! „Was wäre denn, wenn wir über den San Bernadino fahren?“ „Auch Stau, so ein Mist! Gib mal die Karte her!“ Dominiks Laune sinkt schlagartig in den Keller. Verständlich, er muss morgen früh um 7 Uhr im Flugzeug nach Stockholm sitzen. Auweia. „Wir könnten über den Lukmanier-Pass fahren …“ „Ist der denn frei?“ Zuletzt waren die meisten Pässe noch wegen des Schnees gesperrt. „Scheint so, aber ich weiß es doch auch nicht.“ Handy zücken und versuchen, etwas herauszufinden. Seit zwanzig Minuten hocken wir jetzt im Auto, ohne auch nur losgefahren zu sein. „Bis wir am Gotthard sind, hat sich der Stau vielleicht schon gelöst, es ist doch schon spät." „Und wenn nicht?!" Wir diskutieren hin und her. Fahren ein Stück, halten erneut, sehen auf die Karte, diskutieren. Wir wagen es nicht, über den Lukmanier-Pass zu fahren, im Mai könnte uns noch Schnee erwarten. Mit Sommerreifen auf einer Bergstraße im Dunkeln, das muss nicht sein. Außerdem kann ich es nicht glauben, dass man wirklich drei Stunden stehen würde – um diese Zeit doch nicht mehr.

Tja, das Navi hat leider nicht übertrieben. Welch ein Wahnsinn! Und so langweilig. Wir haben die Plätze gewechselt, und es kostet mich Mühe, auf dem Fahrersitz nicht einzuschlafen. Nur rumsitzen und darauf warten, dass sich irgendetwas tut, dass wir einen Meter vorrollen können – das ist nicht gerade unterhaltsam. Ganz langsam, Stückchen für Stückchen geht es vorwärts.

Kurz vor dem Tunnel drängelt eine Vielzahl der PKW in Richtung Tankstelle. Sie brausen auf dem Standstreifen an uns vorbei, und anscheinend ist es nicht mehr wichtig, dass die Strafgelder in der Schweiz hoch sind. „Mir haben Kollegen erzählt, dass an manchen Tagen die Polizei die Leute an der Auffahrt zum Rastplatz raus holt, wenn sie über den Standstreifen kommen. Das lassen wir also lieber. Aber musst du mal auf die Toilette? Wer weiß, wie lange das hier noch dauert." Dominik hat recht. Doch ein Blick über den Parkplatz zeigt: Das blanke Chaos! Du meine Güte, wie sollen wir denn je wieder von diesem Rastplatz runterkommen? Kreuz und quer stehen die Autos, es wird gefahren, wie es eben geht, sofern man sich überhaupt vom Fleck bewegen kann. Stau auf einem Parkplatz, vom Feinsten. Die einspurige Auffahrt zurück auf die Autobahn wird kurzerhand dreispurig genutzt. Hupen, Schimpfen, verzweifelte

Gesichter. Zum Glück auch immer wieder Menschen, die das Ganze mit Gelassenheit nehmen. Erstaunlicherweise bleiben wir ruhig. Wir sind eher fasziniert von diesem Zirkus. Nochmal brauchen wir das trotzdem nicht.

Die Ampel vor dem Gotthard-Tunnel, die immer nur einer begrenzten Anzahl Fahrzeuge Zutritt gewährt, zeigt nun auch endlich für uns ihr grünes Licht. Der Straßentunnel misst knapp siebzehn Kilometer, und der Verkehr führt durch nur eine Röhre – es gibt also Gegenverkehr, was zusätzlich Konzentration kostet.

Während der Heimfahrt, die uns noch durch diverse andere Tunnel führt, frage ich mich, ob dieses Land eigentlich unterirdisch einem löchrigen Emmentaler-Käse gleicht. Ob mit der Bahn oder dem Auto, irgendwo landet man immer unter der Erde. Zumindest kann die Schweiz in der Hinsicht ein paar stolze Zahlen verbuchen: Der Lötschberg-Basistunnel vom Berner Oberland ins Wallis ist der drittlängste Eisenbahntunnel der Welt. Bis voraussichtlich 2016 der Gotthard-Basistunnel im eigenen Land die Pforten öffnet. Als 2010 ein gigantischer Bohrer mit dem lieblichen Namen Sissi den Durchschlag des Gotthardtunnels schaffte, entstand damit der weltweit längste Eisenbahntunnel. Diese Leistung beeindruckte nicht nur Ingenieure. Die Tunnelbohrmaschine wirkte wie ein Alien, als sie durch das Gestein brach: Der Bohrkopf ist gut neun Meter hoch und 440 Meter lang, also länger als vier Fußballfelder.

Es soll zukünftig möglich sein, via 57 Kilometer Eisenbahntunnel mit dem Zug in zirka zwei Stunden und vierzig Minuten von Zürich nach Mailand zu reisen. Das nenn ich mal eine gute Alternative zum Autostau! Wobei es auch jetzt durchaus Zugreisende ins Tessin gibt, allerdings ist dies keine Option für Spontanreisende. Ohne *Reservation* ist das ein freudloser Plan.

Juni

Da ist er – der Sommer! Wie auf Knopfdruck leuchtet die Welt in allen Farben: Grün, Gelb, Rosa, Lila und viel dazwischen. Es soll ein sonniges, warmes Wochenende werden. Da lassen wir es uns nicht nehmen, wieder das Zelt und die Wanderschuhe ins Auto zu laden. Auf dem Weg müssen wir noch tanken. Wir *parkieren* vor der Zapfsäule, und mir geht durch den Kopf, dass es preislich nicht den Riesenunterschied zu Deutschland macht. Nur Gas-Tankstellen sind hier noch selten zu finden. Erstaunlich ist, dass Diesel in der Regel etwas teurer ist als Benzin, immerhin gibt es, soweit wir das bisher erlebt haben, nicht diese drastischen, aber natürlich „rein zufälligen" Preisschwankungen vor den Ferien. Die Preise liegen relativ konstant.

Dieses Mal möchten wir das Appenzellerland kennenlernen. Bekannt ist diese Gegend nicht zuletzt durch den „würzigsten Käse der Schweiz", wie er beworben wird, der mir allerdings zu intensiv ist. Anscheinend gibt es aber viele, die dessen Geschmack zu würdigen wissen, sonst könnte diese Delikatesse nicht bereits seit dem 13. Jahrhundert die Gaumen erfreuen. Der Käse wird ausschließlich aus frischer Kuhmilch der Region hergestellt. Das Gebiet, das die taugliche Milch hervorbringt, ist explizit festgelegt, damit nicht ein Hauch anderer Bergkräuter den besonderen Geschmack beeinträchtigt.

Das Appenzellerland befindet sich in der Ostschweiz zwischen dem Bodensee, der österreichischen Grenze und dem Alpsteingebiet, aus dem der Gipfel des Säntis hervorsticht. Die beiden Halbkantone Appenzell Innerrhoden und Appenzell Ausserrhoden sind komplett vom Kanton St. Gallen umschlossen. Von den Landsleuten wird diese Gegend leicht spöttisch beschrieben. Da fallen Begriffe wie „Bauernvolk", die „Kleinwüchsigen" der Schweiz oder gar die „die Hinterwäldler". Und man fragt sich schon, wie viele Fünkchen Wahrheit in solchen Witzeleien stecken ...

Komisch eigentlich, dass „Bauernvolk" einen negativen Unterton erhält, wenn man über die Menschen in dieser Region spricht. Denn die Landwirtschaft ist eine entscheidende Einnahmequelle. Die ausgesprochen abwechslungsreiche und schöne Landschaft mit den sanften Hügeln vor dem hoch aufragenden Gebirge ist ein beliebtes touristisches Ziel. Und genau das machen sich die Einheimischen geschickt zu Nutze und werben damit, dass es hier noch ursprünglich zugeht. Die hübschen, traditionell bemalten Bauernhäuser unterstreichen das ebenso wie das gelebte Brauchtum, wie etwa bei den Alpfahrten. Von Fahren kann da jedoch keine Rede sein. Es ist eine Art Umzug, bei dem die Kühe auf ihre Bergwiesen geführt werden. Das geschieht in Tracht und in einem klaren Zug: vorneweg weiße, hornlose *Gäässe* (Ziegen), die von Kindern in Tracht in Schach gehalten werden. Es folgen drei Kühe, die schönsten Rinderdamen tragen je eine große *Senntumschelle* an kunstvoll verzierten Riemen um den Hals. Die Schellen sind im sechsten, siebten und achten Oberton aufeinander abgestimmt und sorgen für die unvergleichliche Klanguntermalung. Dann folgen Kühe, Kälber und ein kläffender Sennenhund sowie Bauern in Festtracht.

Wenn man allerdings das Wort „Hinterwäldler" mit dem Frauenwahlrecht in einem Satz erwähnen würde, nun ja ... Frauen in Österreich dürfen seit 1918, in Deutschland seit 1919 und in Frankreich seit 1944 wählen. Offiziell wurde das Wahlrecht in der Schweiz mit etwas Verzögerung 1971 eingeführt. Dies bedeutete aber nicht, dass alle Kantone es umsetzten. Wenn auch die meisten Kantone und Gemeinden das Frauenstimm- und -wahlrecht nach der eidgenössischen Abstimmung peu à peu einführten, weigerten sich die beiden Halbkantone Appenzell Ausserrhoden und Appenzell Innerrhoden jahrzehntelang standhaft, diesen Beschluss zu akzeptieren. Das Unverständnis im Land sowie der Druck der Öffentlichkeit wuchsen. 1989 dann fassten sich die Männer in Appenzell Ausserrhoden ein Herz und wagten den Schritt, Frauen ihr Stimm- und Wahlrecht zuzugestehen. Doch Appenzell Innerrhoden blieb standhaft, oder stur – wie man es sehen möchte. Schließlich gab das Bundesgericht einer Klage Recht und bestätigte, dass die Kantonsverfassung von Innerrhoden in diesem Punkt verfassungswidrig ist. So dürfen seit November 1990 endlich auch die Frauen in Appenzell Innerrhoden ihre Stimmen abgeben – entgegen der Mehrheit der (männlichen) Stimmbürger in diesem Kanton.

Heidi hatte nicht damit gegeizt, uns humorvoll auf das Appenzellerland einzustimmen: „Ein Appenzeller hat gehört, dass die Appenzeller die kleinsten Menschen der Welt seien. Und da ist er die ganze Nacht deprimiert unter dem Bett auf- und abgegangen." Es ist wohl schon eine liebgewonnene Tradition, die Menschen im Appenzellerland wegen ihrer „Kleinwüchsigkeit" zu veralbern. Es heißt, die Wohnhäuser seien so niedrig gebaut, dass andere Landsleute kaum darin stehen könnten, ohne sich den Kopf an der Decke anzustoßen. Ob das nun stimmt, sei dahingestellt. Tatsächlich hat eine Studie bestätigt, dass die Appenzeller die Kleinsten im Lande sind – was die Bürger der Region vermutlich wenig erfreut haben dürfte. Dass es sich gemäß dieser Studie um einen Unterschied zwischen den Baslern als den Größten und den Appenzell Innerrhodern als den Kleinsten von lediglich 2,8 Zentimetern geht, verliert im Zuge der Hänseleien unter den Kantonen an Bedeutung.

Zum Glück gilt die Bevölkerung der Gegend als äußerst

humorvoll. Ihre Witze sind legendär. Es gibt sogar eine Witzwanderung, bei der man an rund achtzig Tafeln herzhaft über die typisch Appenzeller Witze lachen kann – die aber nichts mit den Witzen *über* die Appenzeller gemein haben. Diese Region bringt eine Fülle eigener Scherze hervor – denn wie heißt es dort so schön: *Lache isch gsond!*

Wir haben zwar eine andere Wanderung ins Auge gefasst, unser Anblick dürfte allerdings auch Anlass für einen lauten Lacher bieten. Allein diese dämlichen *Tächlichappe*... Wir haben uns einen Weg ausgesucht, der noch nicht allzu viel begangen wurde. Er führt durch kniehohe Wiesen, steigt stetig Richtung Berg über einen Hügel an. Die Sonne brennt auf uns nieder, und wir schwitzen schon nach wenigen Schritten. Gegen den Sonnenstich und -brand tragen wir luftige Käppis in Braun bzw. Beige, aber der Knüller daran: Man kann hinten eine Art Tuch befestigen, das den Nacken schützt. Nützlich, nun ja, aber einen Preis für den coolsten Berglook würden wir kaum absahnen. So laufen wir schnaufend den kleinen Pfand entlang, die Arme in die Luft gereckt – schließlich lauern im Gras gewiss hinterhältige Zecken, die nur darauf warten, sich in unser Fleisch zu verbeißen. Wenn mir nur nicht schon so warm wäre ...

Okay, erst jammern, dass es zu kalt ist, und wenn es dann endlich warm ist, gibt es auch was zu maulen. Also verkneife ich mir jedes Murren und überzeuge mich lieber davon, wie wundervoll der Sommer ist: Die Natur ist regelrecht explodiert und hat alle Blumen gleichzeitig zum Erblühen gebracht. Tupfen in allen Farben, das satte Grün der Wiesen und Bäume, das Zirpen der Grillen – herrlich. Dazu untermalen Kühe das Idyll, mit ihrem Bimmelimmelim der Glocken. Bemerkenswert finde ich allerdings, dass so eine Kuhglocke, wie man sie eben jedem Rindvieh hier um den Hals hängt, etwa fünfzehn Kilo wiegt. Nicht selten haben sie einen Wert von 800 bis 1200 Franken. Und ihre Benennung ist eine Wissenschaft für sich. So heißen jene aus gegossenem Metall *Glocke,* die „richtigen" aus gehämmerten Metall nennt man *Trychlen.* Aber welchen Namen das Ding um den Hals auch tragen mag, für mich ist dieses Geräusch der Inbegriff von Urlaubsfeeling in den Bergen.

Einige Meter vor uns kommt ein Jogger den Berg heruntergeflitzt. Voller Elan hüpft er leichtfüßig über den Elektrozaun, der die Kühe davon abhält, zu weit davonzulaufen. *„Grüezi mitenand!"*, ruft uns der Senior noch zu, während er schon den Hügel hinuntersaust. Unfassbar! Wie oft wir das wohl noch erleben werden? Es ist wahrlich nicht das erste Mal, dass wir von Schweizern älteren Semesters überholt werden. Zum Glück sehen sie meistens auch angestrengt aus, ein bisschen zumindest. Trotzdem finde ich es ein wenig beschämend, wenn Leute, die mindestens doppelt so alt, auch noch doppelt so fit sind. „Ach, wer weiß, wenn wir in zwanzig Jahren noch hier leben und weiterhin so oft wie möglich in die Berge fahren, dann werden wir auch so fit sein!", verkündet Dominik optimistisch. „Dass ich um elf Uhr bereits den Gipfel erreicht und wieder frohen Mutes den Berg runtergejoggt komme, halte ich für eher unwahrscheinlich. Aber man weiß ja nie!" Umständlich versuche ich über den Elektrozaun zu steigen. In der einen Hand drückt der Wanderstock das Band runter, mit dem anderen Stock stütze ich mich beim Darübersteigen ab. „Er hat eben die Kühle des Morgens genutzt, was ja schlau von ihm war!" Bei diesen Worten wischt sich Dominik den Schweiß von der Stirn, während er wartet, um mir in die Kuhwiese zu folgen. Schon gut, der Appell ist angekommen. Wenn wir frei haben, bin ich nicht gerade ein Fan davon, um sechs Uhr aufzustehen.

So bildschöne Wiesen verlangen mir kurzzeitig mehr ab, als bloßes Bewundern des Heile-Bergwelt-Bildes, nämlich dann, wenn die Wanderwege mitten durch die großen, gemütlich grasenden Kühe führen. Vor allem, wenn ich dicht an einem Hinterteil vorbei muss, wird mir mulmig, und ich versuche, so viel Abstand wie möglich zu halten. Man weiß ja nie, welches Bedürfnis das kauende Tier gerade so hat ...

Der weitere Aufstieg ist eine Mischung aus Anstrengung und Verzückung wegen der unzähligen hübschen Blumen und Schmetterlinge. Irgendwann haben wir etwa zwei Drittel des Anstiegs gemeistert und gönnen uns bei einer phantastischen Aussicht über das Tal eine kleine Pause. Und warum wundere ich mich eigentlich noch? Neben uns beendet ein Paar gerade seine Rast Ein Mann, vielleicht Anfang dreißig, setzt sich eine Kiepe auf den Rücken. In dieser Trage, die von den Schultergurten eher an einen Rucksack erinnert, trägt er seinen kleinen Sohn, maximal zwei Jahre alt, den Berg hinauf. Die Frau dazu steht gerade etwas mühsam von der Bank auf. Ihr Bauch, kugelrund mit einem Geschwisterchen drin, hält auch sie nicht davon ab, wandern zu gehen. Ich bin beeindruckt! Ältere Leute, schwangere Frauen, Männer und auch Frauen mit Kindern auf dem Rücken, sie alle lassen es sich nicht nehmen, die Bergwelt zu genießen. Und auch Kinder. Egal wie steil eine Passage ist, den Kids scheint nichts die Laune zu verderben. Zumindest in den Momenten, wenn wir den Familien begegnen, scheinen sie alle frohen Mutes zu sein.

Es ist unser erster Sommer, spreche ich mir selber Zuversicht zu und beiße in mein leckeres *Biberli*. Natürlich verspeisen wir keinen Nager. Es ist eine Appenzeller Süßigkeit, die schon längst unser Herz erobert hat. In Klein kann man sie überall mit hinnehmen, und satt macht das mit Mandel- oder Nussbrei gefüllte Lebkuchengebäck auch.

Das letzte Stück Weg vor dem Gipfel wird noch einmal aufregend. Der Weg war als „einfach“ beschrieben. Warum muss ich dann jetzt die Hände zur Hilfe nehmen? Warum geht es neben mir zehn Meter steil den Berg runter? Und warum ist der schmale Weg mit in den Fels gehauenen, sehr hohen Stufen durch ein Drahtseil gesichert? Soso, einfach. Erstaunlich, dass die Wegbeschreibungen und Zeitangaben so unterschiedlich ausfallen. Wir haben schon Wanderungen in weniger Zeit als auf dem Schild angegeben geschafft. Genauso ist es uns aber auch schon andersherum ergangen. Dass die Angaben reine Gehzeiten bemessen, ist logisch, aber irgendwie fällt es noch schwer, solche Routen einzuschätzen.

Von oben kommt uns nun auch noch ein älteres Paar lockeren Schrittes mitsamt Hund entgegen. Dass der Hund nicht abstürzt?! Das grenzt für mich an ein Wunder, so schmal wie der Weg ist. Schließlich müssen wir extra an einem etwas breiteren Tritt warten, damit wir aneinander vorbei kommen. Das fröhliche Pärchen flötet uns ein gut gelauntes *„Grüeziwohl mitenand!“* zu, während beide an uns vorbeifedern.

Aber auch wir schaffen es! Und die Aussicht belohnt sofort für die Anstrengung. Es ist traumhaft schön. Wir können über weite Wiesen blicken, hier oben blüht es nur noch gelb und weiß. Und dort drüben der Säntis – mit seinen gut 2500 Metern ist er der höchste Gipfel in der Region, und man kann ihn von weither sehen. Er ist noch schneebedeckt. Wie so oft muss man auch bei diesem Berg nicht unbedingt die eigene Muskelkraft aktivieren, um die Aussicht zu genießen. Es fährt eine Luftseilbahn *innert* zehn Minuten hinauf. Die Seilbahn kann pro Stunde fast 700 Gäste transportieren, in beide Kabinen passen jeweils 85 Personen. Kosten: 45 Schweizer Franken. Also nicht gerade günstig, aber die Aussicht mit einem Rundblick auf sechs Länder ist das Geld sicherlich wert.

„Ich möchte da gerne mal rauf – laufen, versteht sich!“ Dominiks Ehrgeiz findet auch am Säntis keine Grenzen.

„Nächstes Jahr vielleicht, da müssen wir noch etwas üben. Vorausgesetzt, ich kriege oben im Panorama-Restaurant ein Stück Kuchen." Damit lasse ich mich gerne locken. „Aber sicher! Und vielleicht sogar noch eine *heisse Schoggi* dazu." Dominik blickt verträumt. Der Abstieg von unserem Tagesziel ist dann ganz entspannt, wir genießen Aussicht und Natur.

Am Campingplatz angekommen, breiten wir gerade unser Zelt aus, als ich einen Tropfen im Nacken spüre. „O nee, es wird doch wohl nicht regnen!" Der Himmel hat sich verdächtig mit Wolken gefüllt. „Angesagt war eigentlich, dass es trocken bleibt." Dominik sieht skeptisch zum Himmel. „Meteo kann ja nicht immer recht haben." Meteo Schweiz ist der nationale Wetterdienst, dem wir jeden Morgen im Radio lauschen und der uns über seine App sogar vor Gewitter warnt. „Stimmt, und in den Bergen ist es vermutlich schwieriger vorherzusagen", ergänzt Dominik. Tropf, tropf, tropf. „Wie dem auch sei: schneller!" Wir werfen uns die Regenjacken über und bauen in Windeseile unser neues Zelt auf. Nachdem das bisherige kleine Zelt im Tessin deutlich seine Altersschwäche demonstriert hat, haben wir uns ein neues geleistet. Das soll nun unsere erste Nacht darin werden. Und ausgerechnet jetzt beginnt es schon wieder zu regnen. Das ist nicht fair!

„Vielleicht sollten wir doch oben im Restaurant zu Abend essen?" Wir sind uns schnell einig, denn im Regen kochen, darauf haben wir beide keine Lust. Zum Campingplatz gehört ein hübsches Gasthaus mit einer Terrasse, die einen weit ins Tal blicken lässt. „Der Wind frischt ganz schön auf. Rein mit uns." Kaum sitzen wir, verdunkelt sich der Himmel. Es wird richtig finster. Und plötzlich geht die Welt unter. Der Himmel hat ein bedrohliches Grünschwarz angenommen, und es trommelt laut Hagel gegen die Fenster.

„Ui, hoffentlich halted eues Zält das us!“ Am Nebentisch sitzt ein freundlich blickendes Paar. Sie hatten eben im geöffneten Kofferraum ihres Autos gechillt und uns beim Aufbau beobachtet. Die beiden haben ihr Bett im Auto, daher müssen sie das Wetter nicht fürchten. „Das hoffen wir auch!“ Es blitzt, donnert, hagelt und schüttet wie aus Kübeln. Was für ein Pech – und eine wahre Probe für unser armes Zelt. Wir genießen nun einfach diesen Ausklang des Tages. Falls das Zelt baden gegangen ist, können wir uns immer noch ärgern.

Dominik lässt sich ein *Quöllfrisch*, ein naturtrübes Appenzeller Bier, schmecken. Selbst für verwöhnte deutsche Biergaumen ist dies ein feines Pils. Dazu gibt es ein herzhaftes Appenzeller Schnitzel, das gefüllt ist mit *Kalbsbrät* und *Mostbröckli,* dazu *Spätzli* und Gemüse. Die *Serviererin* erklärt uns, was der Inhalt des Schnitzels sein wird: „Mit *Brät* ist eine Art Wurstpaste gemeint. Sie wird wie hier gern als Füllung verwendet, oder in einer Sauce, dann als *Brätkügeli* zum Beispiel für *Pastetli* aus Blätterteig. *Mostbröckli* ist ein gepökeltes, geräuchertes und getrocknetes Stück Rindfleisch, in hauchdünne Scheiben geschnitten. Es ist auch üblich, *Mostbröckli* kalt zu essen. So kann man dies beispielsweise zum *Zvieri* in einer *Beiz* auf dem Berg bestellen. Dann gibt es meist noch ein Stück Käse und Brot dazu.“ *Zvieri,* das weiß ich inzwischen, ist eine Zwischenmahlzeit um vier Uhr am Nachmittag. Das Gegenstück bildet das *Znüni,* ein zweites Frühstück um neun Uhr morgens, zu dem es häufig ein *Gipfeli* gibt, das verdächtige Ähnlichkeit mit einem *Croissant* aufweist.

Das Abendessen war köstlich, und wir machen uns auf den Weg zum Zelt. Bei inzwischen wieder sternenklarem Himmel begleitet uns ein schmatzendes und gurgelndes Geräusch. Offenbar war der Boden noch vom Regen der letzten Tage gesättigt, sodass das viele Wasser, das der Himmel eben abgelassen hat, nun auf der Wiese steht. Hier und da läuft ein Rinnsal talwärts, drückt dabei das recht hohe Gras nieder.

Unsere Tischnachbarn mit dem Bett im Kofferraum stehen noch an ihrem Wagen. *„Gseht ganz so us, als ob's ghalte hät."* Er trägt sein Haar lang und wirkt sehr jugendlich. „Ja, zum Glück. Wir hoffen einfach mal, dass es drinnen trocken geblieben ist", erwidert Dominik. „Früher sind wir auch häufig mit den Zelten unterwegs gewesen, aber seit die Kinder aus dem Haus sind, reicht der Kleine hier." Er hat wieder auf Hochdeutsch gewechselt und klopft auf das Autodach. „Ward ihr schon am Seealpsee?" „Nein, den möchten wir uns gerne morgen noch ansehen, bevor wir wieder zurück fahren." „Macht das, der ist wirklich schön", ergänzt seine Frau. Man sagt Schweizern doch nach, sie seien so zurückhaltend und verschlossen? Dieses Paar würde zumindest eine nette Ausnahme von der Regel darstellen.

Ein Hoch auf unser Zelt – nicht nur, dass es noch steht, drinnen ist es trocken geblieben. Nach einer ruhigen Nacht macht der Sonntag seinem Namen alle Ehre. Schon am Ende des Frühstücks schaut Dominik skeptisch auf meinen Arm „Was ist?", frage ich irritiert. „Du solltest dich mal langsam eincremen und vielleicht ein Oberteil mit langen Ärmeln mitnehmen." O nein, wir sitzen doch gerade erst eine Stunde hier in der Vormittagssonne. Aber von den geröteten Armen lass ich mir die Laune nicht verderben.

Auf geht's zum Seealpsee – und unsere Campingplatzbekannten haben nicht zu viel versprochen, er wirkt makellos: Der See liegt inmitten von saftigen Wiesen, und zu drei Seiten erheben sich steil die schroffen Berge. Kühe weiden friedlich, und wir genießen es, von einem ruhigen Plätzchen aus die Szenerie zu beobachten. Nicht weit von uns picknickt eine Familie. Uns zeigt sich ein schon bekanntes Bild: ein gepelltes Ei und das praktische Aromat-Döschen für unterwegs. Das ist etwas, das ich wohl nie verstehen werde – auch wenn ich in diesem Land noch sehr oft darüber stolpern soll: *Aromat*. Die meisten Schweizer nutzen es wie andere den Salzstreuer, nur noch exzessiver. Anscheinend findet es sich in jeder Küche und wird auf alles gestreut, wirklich auf alles. Angefangen beim Ei (vor Ostern türmen sich ganze Aufsteller damit in den Supermärkten), über Gemüse wie Tomaten, Avocado etc. Aber auch über ganz normale *Teigwaren*, auch wenn auf die Nudeln noch Sauce drauf kommt. Beim Essen steht solch eine gelbe Dose mit grünem Balken auf dem Tisch, wie eine Pfeffermühle. Dabei scheinen die Schweizer sonst so bewusst zu sein, was Nahrungsmittel angeht, und Wert auf gute Qualität zu legen. Hier, bei Natriumglutamat plus Salz, also purem Geschmacksverstärker, hört der Wunsch nach „naturbelassen" offenbar auf. Ich habe Heidi schon mal danach gefragt, sie meinte nur, das sei eben ganz normal, man wächst damit auf und kennt auch die schädlichen Einflüsse – aber es sei einfach so lecker, wenn man es auf das Essen tut. Logisch ...

Während ich noch darüber nachdenke, schaue ich den unzähligen bunten Gleitschirmen über uns zu, wie sie mit einem ganz speziellen Geräusch durch den Wind streichen. Die Paraglider gehen hier ihrem Hobby nach und genießen die traumhafte Landschaft von oben, alleine für sich, zwischen strahlend blauem Himmel und grünen Wiesen.

Wieder zuhause stehen ein paar hausfrauliche Pflichten an. Im Waschkeller öffne ich die fertige Maschine Weißwäsche, als ich meinen Augen nicht trauen möchte. Thront jetzt wirklich ein kleines rosa Söckchen oben drauf?! Mir rutscht prompt das Herz in die Hose. O nee! Ich habe vorher nicht in die Trommel geschaut, und ausgerechnet bei den weißen Sachen, und die Hemden – das darf jetzt echt nicht sein! Prinzessin Lillifee hänge ich in Form eines Söckchens auf die Trockenstäbe neben mir, da wird sich eine Mutter freuen, dass der zweite Strumpf nicht verschollen ist. Dann ziehe ich vorsichtig, als ob das noch was ändern könnte, die weiße Wäsche aus dem Gerät. Auf den ersten Blick scheint alles gut. Und auch auf den zweiten im Tageslicht kann ich keinen rosafarbenen Stich erkennen – noch mal Glück gehabt! Was lernen wir daraus? Immer vorher nachsehen, ob jemand etwas vergessen hat.

In der Wohnung räume ich unsere Sachen auf, als es klingelt. Verdutzt öffne ich die Tür und blicke in Susanns Gesicht. Sie sieht etwas unsicher aus: „Wäre es dir möglich, also, na ja ... Wir verreisen nächsten Monat, und irgendwie, nun, es sind alle in Ferien, die ich sonst frage." Sie stockt kurz, ich lächele sie aufmunternd an, ich ahne worum es geht. „Könntest du dich vielleicht um unsere Balkonpflanzen kümmern? Seid ihr Mitte Juli zwei Wochen zuhause?" „Ja, gerne. Kein Problem." Wir verabreden, dass sie mir kurz vor der Abreise alles zeigt, und verabschieden uns. Susann scheint erleichtert zu sein. Und ich freue mich. Das ist ein richtiger Vertrauensbeweis, dass sie mich darum bittet! Dabei wohnen wir noch nicht so lange hier. Wie schön!

Gut gelaunt gehe ich zum Briefkasten – und werde schlagartig nervös. Ein Brief von der Fachhochschule. Er ist nicht besonders dick. Ob das ein gutes Zeichen ist? Ich zügele meine Ungeduld zumindest bis hinter unsere Wohnungstür. Lehne mich von innen dagegen und reiße den Umschlag auf.

Yes! Sie teilen mir mit, dass die Sichtung meines *Dossiers* ergeben hat, dass mein Abschluss ausreichend ist, um prüfungsfrei zum Masterstudium zugelassen zu werden. Alles Weitere wird dann vom Standort zugeschickt. Der Juni ist ein spitze Monat! Ich bin so erleichtert. Endlich habe ich eine Perspektive, wie es für mich in der Schweiz weiter- oder besser: überhaupt losgeht.

Ich schnappe mir das *Velo* und düse Richtung Greifensee. Eine kleine, manchmal leicht sportlich ambitionierte Radtour hat mir schon so manch trüben Gedanken verscheucht. Dieser Weg um den See, immer wieder den Blick auf das Naturschutzgebiet, auf Felder, Obstbäume und in der Ferne die Alpen – das löst in mir ein Gefühl von Dankbarkeit aus. Dafür, dass ich die Chance habe, diese wunderschöne Landschaft Tag für Tag genießen zu können. Bei allen Hindernissen bisher schaffen es genau diese Momente, mich immer wieder zu entschädigen. Dort sind sie wieder: die Störche. Als ich sie zum ersten Mal sah, konnte ich es kaum glauben. Störche, die hier einfach so durch die Lüfte fliegen oder in ihrem Nest sitzen. Die großen, weißen Vögel sind auch ein beliebtes Motiv für Holzschilder, die in der Schweiz an den Häusern hängen, wenn dort ein Kind geboren wurde. Schön farbig, bestimmt einen Meter hoch und breit, mit dem Namen versehen, wird für jeden, der vorbeikommt, das Glück hinter den Fenstern sichtbar. Rund um unseren Umzug war dies eine beliebte Frage: „Und, kommt jetzt bald der Nachwuchs?“ So viele waren sich einig: „Die Gelegenheit ist doch perfekt!“ Es kam so oft, dass ich die Antwort fast schon abspulen konnte: Nein, für uns ist dieser Zeitpunkt nicht perfekt. Wir möchten erst einmal zur Ruhe kommen und uns im Land einleben, also Fuß fassen und Kontakte knüpfen. Dann kann man mal weiter sehen.

Juli

ES IST REINER ZUFALL, dass wir an diesem ersten Juli-Samstag nach Zürich fahren. Ein herrlicher Tag strahlt uns an, und wir möchten die Stimmung in der Stadt genießen. Wie damals, als Dominik sein Vorstellungsgespräch hatte und Zürich sich von seiner sommerlichen Seite zeigte. Rund um den See waren fröhliche Menschen, manche schwammen, andere hüpften von der Quaibrücke ins kühle Nass, ganz egal, ob der Bikini dabei war oder zuhause lag – in Jeansshorts und Shirt geht das allemal. Auf den Wiesen rund um das Ufer lagen die Leute in der Sonne, stolzierten über eine Slackline, spielten Ball und nutzen die öffentlichen Grills, um ihr mitgebrachtes Würstchen zu *bräteln*. Eine entspannte Stimmung, die in der ganzen Stadt zu spüren war, und es lag eine ganz spezielle Atmosphäre in der Luft. Wasser scheint ohnehin eine Art Lebenselixier der Zürcher zu sein – es gibt allein achtzehn *Sommerbadis* in der Stadt.

Wir treten aus dem Bahnhof und sind überrascht – offensichtlich findet gerade eine Art riesiges Stadtfest statt, und wir haben gar nichts mitbekommen. Völlig rätselhaft, wie uns das entgehen konnte. Jeden Morgen hören wir Schweizer Radio oder lesen regionale Zeitungen. Erstaunlich, aber auch super! Die Stadt hat sich für ihre Bewohner und Besucher viel einfallen lassen und bietet ein abwechslungsreiches Programm an. Zuerst bleiben wir gebannt beim Drachenbootrennen stehen. Mehrere schmale Boote haben sich auf der Limmat versammelt, kunstvoll bemalt, vorne verleiht der geschnitzte Drachenkopf dem Boot einen speziellen Charakter. An der Spitze sitzt meist eine junge Frau, die kraftvoll auf einer Trommel den Paddeltakt schlägt. Erst langsam und dann, als das Rennen startet, voller Power. Sie muss richtig Kraft in den Armen haben, aber ebenso die Paddler, die in Zweierreihen das Boot in einem Wahnsinnstempo voranbringen. Die Sportler scheinen so klug zu sein, im Training auch mal die Seiten zu tauschen, denn die Arme der Herren sind beidseitig schön muskulös anzusehen. Da können Dominik und ich uns ein Gaffen kaum verkneifen. Denn auch die Frauen haben beneidenswert schöne Arme.

Dann verfolgen wir einen Teil der Wakeboard-Show und schlendern weiter. Direkt am See steht ein Turm, von dem Profis ihre waghalsigen Sprünge zeigen. Es gibt jede Menge an Programm für Kinder, Schaulustige und Partypeople, das können wir uns gar nicht alles ansehen. Dazu diverse Stände mit bunten Sachen, die man nie im Leben braucht, aber unbedingt haben will. Und Musik. Wir bleiben an einer kleinen Bühne stehen, trinken ein kühles Bierchen und erfreuen uns an den rockigen Klängen der jungen Burschen dort oben. Leider ist nach zwei Liedern Schluss, doch sie laden die Zuhörer ein, am Abend wiederzukommen. Gute Idee, das machen wir!

Zuerst aber geht's nach Hause, und wir *grillieren* in Ruhe. Gestärkt und ausgeruht wollen wir wieder in die Stadt, glücklicherweise haben wir es ja nicht weit.

„Ob das so eine gute Idee war? Es war bisher ein so relaxter Tag." Ungläubig starre ich auf die Menschenmassen, die sich bereits im Bahnhof Richtung Ausgang schieben. Tagsüber konnte man gemütlich zwischen den Ständen entlang schlendern, die Attraktionen bestaunen und die gute Stimmung genießen. Jetzt aber ist es nur: voll. Klar, dieser Event findet nur alle drei Jahre statt, es ist Samstag, ein lauer Sommerabend. Selbstverständlich wollen alle diese Umsonst-und-Draußen-Party miterleben.

Mit etwas Mühe können wir uns bis zur Bühne vorkämpfen, wo die junge Band vom Nachmittag erneut für gute

Stimmung sorgt. Wir freuen uns über die Atmosphäre, schauen uns die unterschiedlichen Leute an, tanzen ein wenig zur Musik und sind doch froh, noch mal in die Stadt gefahren zu sein. „Sollen wir schauen, was es sonst noch gibt?"

Wir ziehen weiter. Auf mehreren Bühnen finden die unterschiedlichsten Konzerte statt, und wir sind guter Dinge. Die Stimmung macht einen friedlichen Eindruck, nur wird es leider immer voller. Extrem viele Leute sind auf den Straßen unterwegs, wir kommen kaum vom Fleck. Stehen eingekeilt zwischen fremden Menschen und müssen inzwischen auch mal ziemlich dringend auf ein WC. Am Nachmittag hatten wir gesehen, dass das eigentlich kein Problem sein dürfte, es standen reichlich Dixis herum. Gewöhnlich haben es Männer in dieser Hinsicht ja einfacher. Auch bei diesem *Anlass* ist an die Plastik-Pissoirs gedacht worden.

Wenn man an einem heißen Tag in der Stadt unterwegs ist, findet man vielerorts Brunnen, an denen man seine Trinkflasche mit kühlem Wasser füllen kann. Ebenso in regelmäßigen Abständen kommt man an Örtchen vorbei, um dieses wieder los zu werden. Die öffentlichen Toiletten sind dabei sogar ausgesprochen sauber.

Solch ein Großevent ist aber nicht vergleichbar mit einem gewöhnlichen Stadtbummel, die überquellenden Mülleimer lassen Böses ahnen. Und genau so kommt es auch. Am Grossmünster spielt eine tolle Band, die uns die Wartezeit in der Schlange an den Toiletten versüßt. Dominiks Reihe geht erwartungsgemäß schneller voran. Doch plötzlich steht er wieder vor mir. „Das geht nicht, ich muss aushalten. Das ist echt ekelhaft. Die Dinger laufen über, und man steht knöcheltief in der, na ja, du weißt schon." Eigentlich ist er nicht so zimperlich, aber wenn einem die Brühe schon fast in die Schuhe läuft ... Buh, mich schüttelt's. Irgendwie schade, denn die Musik ist wirklich prima hier. Aber es hat keinen Sinn, wir begeben uns erneut in das Geschiebe auf der Suche nach WCs. Am Bellevue, einem weitläufigen Verkehrsknotenpunkt am Südende der Altstadt, werden wir fündig – dort steht ein feines Toilettenhäuschen mit genügend WCs und Waschbecken, alles sauber und ohne ewige Ansteherei. Allerdings hat unsere gute Stimmung unter dem unendlichen Gequetsche und Geschiebe ziemlich gelitten und ist in den Keller gerutscht. Auch um uns herum nehmen wir wahr, dass die Leute ungeduldiger werden, genervt auf einen Rempler reagieren, und einige Halbstarke neben uns pöbeln sich laut schimpfend an. „Vielleicht fahren wir besser, hm?“, schlage ich vor. Für den Weg hierher haben wir schon eine kleine Ewigkeit gebraucht, und um zurück zu der netten Band zu kommen, müssten wir vermutlich so lange schieben, drücken, quetschen, dass das Konzert dann ohnehin vorbei sein dürfte. So reihen wir uns in den Menschenstrom ein, der Richtung Bahnhof Stadelhofen geht. Auch dort ist es extrem voll, und es dauert noch mal eine ganze Weile, bis wir Gelegenheit haben, am Automaten den nach 1 Uhr nötigen Nachtzuschlag zu lösen. Immerhin erwischen wir dann umgehend eine Bahn, in die wir noch mit reinpassen.

Zum Sonntagsfrühstück berichtet uns das Radio, dass am gestrigen Abend tatsächlich zu viele Besucher auf dem *Züri-Fäscht* waren. An manchen Stellen sei sogar leichte Panik ausgebrochen, Personen seien über Begrenzungszäune geklettert, um aus der Menge herauszukommen. Glücklicherweise sei nichts Schlimmes passiert, einige leicht Verletzte habe es gegeben, die ihre Flucht vom Gelände nicht unversehrt überstanden haben und aus einigen Schlägereien, wie sie scheinbar auf jedem Volksfest geschehen. Es heißt in dem Bericht aber, dass man das Problem für 2016 lösen müsse. Gut zwei Millionen Besucher waren an diesem Wochenende auf dem Festgelände, das durch Bauarbeiten, wie etwa auf dem Sechseläutenplatz, auch noch eingeschränkt war. Zum Glück wird das Thema ernst genommen, bevor es zu einer Massenpanik mit Toten kommt, wie damals auf der Love-Parade in Duisburg.

An einem sonnigen und warmen Tag treffe ich Katrin und ihren Sohn Jonathan in der Stadt auf einem Spielplatz. Wir hatten uns bereits Anfang des Jahres mit den Männern getroffen und beschlossen, uns mal alleine zu sehen. Dominik ist mit ihr zur Schule gegangen, und er hatte erfahren, dass sie mit ihrem Mann in der Schweiz lebt. Beide sind wegen seines Jobs nach Zürich gegangen, er ist Forscher an der ETH. Als unser Gespräch auf den unausweichlichen Punkt „Arbeitsstelle" kommt, reagiert Katrin mit viel Verständnis. „Ich hatte auch Schwierigkeiten, eine Stelle zu finden. Dabei bin ich Ärztin und gehöre damit ich zu den Gesuchten und Erwünschten." Sie grinst mich an. „Blöd nur, dass ich einen kleinen Sohn habe und keine Vollzeitstelle annehmen wollte. Das ist als Ärztin hier echt ein Problem. Die Stelle jetzt habe ich ja auch noch nicht so lange. Ich arbeite an drei Tagen in der Woche in einer Praxis."

„Und was macht ihr mit Jonathan in der Zeit?" Denn auch sie haben ja ihre Familie in Deutschland und damit keine Omas und Opas vor Ort. „Wir geben ein kleines Vermögen aus für einen Kita-Platz." Auf meinen fragenden Blick fährt Katrin fort: „Wir zahlen pro Tag 133 Franken." „Pro Tag?!" „Ja", Katrin zieht eine Schnute. „Ich glaube, auch deshalb sind Mütter hier in der Schweiz oft Hausfrau, oder sie arbeiten nur so viel, wie die Familie die Betreuungszeiten abdecken kann. Es lohnt sich finanziell eben erst ab einem gewissen Gehalt, dass beide Elternteile arbeiten. Zwar gibt es günstigere Krippen, die vom Staat subventioniert werden und für Familien mit einem geringen Jahreseinkommen gedacht sind. Aber natürlich findet man diese

Einrichtungen nicht an jeder Ecke, und die Plätze sind begehrt."

„Ich habe auch den Eindruck, dass es in der Schweiz noch häufig das klassische Familienmodell gibt, mit einem Ernährer, und ein Elternteil bleibt zu Hause", erwidere ich nachdenklich. „Ja, irgendwie schon. In Deutschland wird derzeit viel dafür getan, dass Frauen schnell wieder in den Beruf zurückkehren können. Ich habe den Eindruck, das ist hier nicht so. Wobei ...", Katrin schaut nachdenklich über den Spielplatz, „es ist schon paradox. Junge Mütter haben hier nur sechzehn Wochen Kündigungsschutz nach der Geburt, und nur für vierzehn Wochen gibt es den sogenannten Mutterschaftsurlaub." „Vierzehn Wochen? Und danach soll Frau wieder arbeiten gehen?" Ich blicke sie baff an. „Ja, in der Zeit gibt es immerhin achtzig Prozent des letzten Gehalts, natürlich mit ein paar eingebauten Hürden, sodass es nicht jede Frau bekommt, aber viele. Aber ja, dann steht bereits die Frage an: arbeiten oder nicht. Wenn ja, wohin mit dem Kind?!" „Wann können Kinder denn in den Kindergarten?" „So ab vier bis fünf Jahren", antwortet Katrin. „Klingt nicht so einfach. Kein Wunder, dass viele Frauen dann für einige Jahre ihren Beruf aufgeben."

„Aber hey, mal zu dir – wie klappt's denn mit dem Einleben?" Diese Frage kommt oft. Und sie ist nett gemeint, signalisiert Interesse, und ich würde sie genauso stellen. Und doch überlege ich immer wieder – was soll ich sagen? Im Job war der Start eine absolute Pleite. Die Wochenendausflüge erleben wir als grandiose Bereicherung an Lebensqualität. Bekanntschaften, die fehlen bis auf sehr, sehr wenige, noch flüchtige Ausnahmen vollständig. Wir erhalten Besuch von Freunden und Familie aus Deutschland, aber ein soziales Netz gibt es im Grunde noch nicht. Dabei ist das ganz entscheidend für uns für das Ankommen. Daher: „Wir sind auf dem Weg."

„Es braucht Zeit und Geduld, hm? Seit zwei Jahren sind wir nun hier und haben eigentlich nur Kontakte über Arbeitskollegen von Mike. Da ist nur irgendwie kein Schweizer dabei, alles Ausländer, von überall her. Sehr nette Leute, aber so richtig willkommen und angekommen fühlen wir uns hier in der Schweiz irgendwie nicht." „Oh, das ist schade. Plant ihr denn, zurückzuziehen?" Nachdenklich beobachtet Katrin ihren knapp zweijährigen Sohn, der begeistert in der Sand-Wasser-Matsche spielt. „Wir wissen es noch nicht genau, langfristig bestimmt. Zürich ist eine schöne Stadt. Aber letztlich kommt es darauf nicht an. Immer wieder liest man in den Zeitungen, wie unerwünscht wir Deutschen sind. Wir haben kaum Kontakte und vermissen besonders jetzt mit Kind natürlich unsere Familien sehr. Mal sehen, wie es für Mike beruflich weitergeht. Vielleicht ergibt sich nächstes Jahr für uns die Chance, wieder nach Hause zu ziehen. Dann läuft der jetzige Vertrag von Mike aus, und das wäre eine gute Gelegenheit. Müssen wir mal abwarten. Wie sind denn eure langfristigen Pläne?"

Tja. „Am liebsten wäre es uns, dass alles gut wird und wir hier bleiben können, zumindest länger als zwei Jahre. Es ist merkwürdig, wieder nicht zu wissen, wie es weitergeht. Auf der einen Seite löst es eine gewisse Unruhe aus, dass man nie weiß, wo man irgendwann mal wirklich ankommt. Zugleich nimmt es aber auch den Druck. Wenn wir uns nicht wohlfühlen, dann gehen wir eben wieder."

„Das kann ich gut nachvollziehen. Und sag mal, vermisst du auch das deutsche Brot?" Jetzt lacht Katrin. „Ja! Ich hätte es nicht gedacht, dass ich zu diesen Deutschen gehören würde, die das ‚gute deutsche Brot' vermissen, kaum dass sie im Ausland sind. Es ist mir auch ein bisschen peinlich, aber ja, so ist es!" „Und der Kuchen ...", schwärmt Katrin. „Das mache ich immer, wenn wir in Aachen sind: Brot und Kuchen kaufen!"

Es ist erstaunlich, das Brot in der Schweiz ist tatsächlich anders. Wir vermissen, als typische Klischee-Deutsche, ein herzhaftes, schweres Vollkornbrot. Dieser Wunsch ist offensichtlich so weit verbreitet, dass die Migros sich gedacht hat: Dann backen wir ein „deutsches Brot". Die liegen, verziert mit einer Deutschlandfahne und entsprechender Bezeichnung auf der Tüte, im Backwaren-Regal. Doch auch wenn hier Vollkorn draufsteht, ist es innen immer noch fluffig. Überhaupt werden hier Brot und Kuchen aller Art sehr häufig in den Supermarktketten gekauft, ähnlich wie auch Drogerieartikel. Die klassischen Bäckerfilialen, über die ich in Aachen an jeder Ecke stolperte, finde ich hier vergleichsweise selten.

So plaudern wir noch ein wenig über die schönen und lustigen Seiten des Lebens, bis es Zeit ist, nach Hause zu fahren. Überhaupt: Zeit ... Immer mehr wird mir klar: Um hier wirklich anzukommen, braucht es eben Zeit.

Vor kurzem hat Dominik sich ein Herz gefasst. Ganz im Sinne der aktiven Kontaktaufnahme hat er einen netten Arbeitskollegen gefragt, ob er und seine Freundin nicht Lust hätten, mit uns einen Ausflug zu unternehmen. Der hat zugestimmt und, als Bündner durch und durch, uns vorgeschlagen, dass er uns ein Stückchen seiner Heimat zeigt.

Graubünden ist flächenmäßig der größte Kanton der Schweiz, aber mehr noch, es ist auch der einzige dreisprachige. Die Hauptsprache ist Deutsch, gefolgt von Italienisch und Rätoromanisch. Letzteres ist als vierte Landessprache anerkannt, obwohl nur eine Minderheit von rund 0,5 Prozent der Bevölkerung diese Sprache spricht. Selbst Albanisch wird mit 2,5 Prozent häufiger gesprochen. Immer wieder kommt die Frage auf, warum Schweizerdeutsch, das von knapp 65 Prozent der Bevölkerung gesprochen wird, als Dialekt gilt, Rätoromanisch hingegen als Sprache. Es heißt, die Unterschiede zu Italienisch und Deutsch seien zu deutlich, als dass diese Sprache einer der anderen zugeordnet werden könne. Nun liegt das Argument nahe, dass auch manch ein Schweizerdeutscher Dialekt nicht mehr viel mit dem Hochdeutschen in Hannover verbindet.

Als in den 1930er-Jahren die vierte Landessprache offiziell anerkannt wurde, waren auch politische Beweggründe mit im Spiel. Bis heute wird der Erhalt des Rätoromanischen mit jährlich 4,5 Millionen Franken gefördert, es gibt rätoromanische Fernsehsendungen, einen Radiosender usw. Das erhitzt einige Gemüter, vor allem, weil es dabei nicht um *eine* Sprache geht, sondern, je nach Region, verschiedene Variationen zum Zuge kommen, die sich wiederum jeweils als eigene Sprache ansehen. Fünf Idiome lassen sich benennen: *Valader, Puter, Surmiran, Sutsilvan* und *Sursilvan.* Mit ihrer über 500-jährigen Schrift- und Grammatiktradition, gelten sie bei Linguistikern nicht mehr als Dialekte, sondern eben als schützenswerte Sprache. 1982 konnte man sich auf die überregionale Schriftsprache *Rumantsch Grischun* einigen.

Wie das Leben manchmal so spielt. Während meiner Ausbildung im Reisebüro lernte ich in der Berufsschule, dass es „in einem kleinen Tal in den Bergen der Schweiz eine besondere Sprache gibt, die sonst kein Mensch versteht" – und nun lebe ich in eben dieser Schweiz und mache einen Ausflug in dieses Gebiet, das nicht wirklich „ein kleines Tal" ist.

Obwohl Graubünden der größte Kanton ist, leben hier nicht mal 200 000 Menschen. Dies überrascht nicht, denn Graubünden liegt mitten im Alpenraum, bei 937 Berggipfeln (der Höchste ist 4049 Meter hoch) gibt es lediglich 150 Täler. Die Landschaft ist geprägt von bewaldeten Hügeln, schroffen Felswänden, saftigen Weiden und hoch emporragenden Bergen. Dazu bietet diese Gegend mit 615 Seen und 11 000 Kilometern Wanderwegen das reinste Paradies für Naturliebhaber. Die beeindruckende Alpenkulisse lockt viele Feriengäste, darunter nicht selten die Zürcher. Wer die Berge liebt, findet hier, was er sucht, und das bei nicht einmal neunzig Minuten Autofahrt. Neben Wanderwegen in allen Kategogien gibt es für Mountain-Biker ebenso ansprechende Strecken. Übrigens wird in der Schweiz deutlich unterschieden: *Velo* ist ein Fahrrad, *Bike* ein Mountain-Bike. Daneben findet sich das *Trottinet,* ein Tretroller, und ein *Töff* ist ein Motorrad. Als gewöhnlicher Radler sollte man also hellhörig werden, wenn bei einer Beschreibung „Bike-Weg" steht, denn dies ist mit hoher Wahrscheinlichkeit nichts für das klassische Stadtrad.

In der Hauptstadt Chur (gesprochen *Khuur)* leben knapp 35 000 Einwohner. Trotz ihrer überschaubaren Größe ist die älteste Stadt der Schweiz, die sich malerisch ins Rheintal schmiegt, eine Reise wert. Beispielsweise soll es hier mit 130 Restaurants das dichteste Beizen-Netz der Schweiz geben.

„Oh, Mist, wir müssen uns echt beeilen!" Wir hatten verabredet, den Arbeitskollegen und seine Freundin an der kleinen Älplibahn zu treffen – und die musste im Vorfeld mit Uhrzeit reserviert werden. Es wäre extrem ungeschickt, wenn wir es nicht pünktlich schafften, dann könnten wir unsere geplante Tour vergessen. „Schnell, schnapp deine Schuhe, und los!" Ich scheuche Dominik noch mehr, es bleibt keine Zeit mehr, Sandalen gegen Wanderschuhe zu tauschen, die werden wir wohl den Tag über im Rucksack tragen. Mit Schwung den Kofferraum zu, und schon rennen wir Richtung Bahnhäuschen, schließlich müssen wir auch noch das Ticket kaufen. Etwas gestresst begrüßen wir Maurus und Sophia, und ich flitze schnell das *Billet* holen.

Mit der leuchtend roten Älplibahn geht es hoch bis zur Bergstation Malanser Älpli. Die kleine Bergbahn, betrieben von einem Verein, hat gerade einmal zwei Gondeln zu je vier Personen: „Der Geheimtipp im Heidiland". Oben angekommen ziehen wir uns in Ruhe die Wanderschuhe an, schließlich möchten wir auf den Vilan (2300 Meter). Gemütlich gehen wir los, und zum Glück kommt mühelos ein Gespräch in Gang. Kaum warmgelaufen, bleiben Sophia und ich verzückt stehen. Mit strahlenden Augen schnappen wir unsere Kameras. „Was wollen wir denn mit noch mehr Fotos von Blumen?!" Dominik seufzt resigniert. Maurus pflichtet ihm bei: „Das frage ich mich auch immer. Nachher hat man wieder zwanzig Fotos, die später nur langweilig aussehen." Wir Frauen werfen uns einen Blick zu und sind uns einig, dass die Herren in dem Punkt einfach keine Ahnung haben. Die zauberhafte Wildwiese steht hüfthoch, es summselt und brummselt nur so von Bienen und Hummeln. Dazu zirpen die Grillen ihr Lied in einem Meer von bunten Farben, eine Blüte schöner als die andere inmitten des satten Grüns.

An einem Wegschild beratschlagen wir kurz. „Blau-weiße Wege sind schwieriger als rot-weiße, oder?", frage ich in die Runde. „Stimmt schon. Genau genommen stehen die normalen gelben Schilder für einfache Wanderwege. Jene mit einer weiß-rot-weißen Spitze zeigen an, dass es sich um einen Bergwanderweg handelt, auf dem es durchaus schmal und steil werden kann. Die Schilder mit einer weiß-blau-weißen Spitze sind das Zeichen für Alpinwanderwege. Die signalisieren: Jeder, der nicht die Erfahrung und Ausrüstung hat, sollte es bleiben lassen. Da kann es kleine Kletterpassagen geben, steile Hänge, Geröll- oder Schneefelder oder auch einfach keine sichtbare Wegführung oder eine Gratbegehung. Auf den Wegen sollte man unbedingt trittsicher und schwindelfrei sein. Seid ihr das?" Maurus weiß offenbar Bescheid und sieht uns interessiert an. „Joar, denke schon", zögere ich, „aber was erwartet uns denn auf dem letzten Stück?" „Ein kleiner Grat und ein schmaler Pfad, der für Leute mit Höhenangst eher ungeeignet ist. Vielleicht müsst ihr auch mal kurz eine Hand zum Abstützen verwenden. Aber ganz ehrlich – das ist meines Erachtens einer der einfachen Alpinwege. Nach allem, was Dominik erzählt hat, schätze ich, das dürfte für euch gut zu schaffen sein." Wir vertrauen seinem Urteil und siehe da – der Aufstieg zum Gipfel des Vilan braucht zwar Konzentration, da der Weg wirklich sehr schmal ist, es rechts von uns wahrlich tief runter geht und dieses erdige Weglein nicht besonders viel Halt bietet – aber hey, es geht gut, und wir freuen uns, oben angekommen, umso mehr über die Aussicht.

„Oje, ich fürchte, wir haben doch etwas lange gebraucht – wir sind spät dran." Sophia legt gerade ihr *Natel*, so nennt man hier das Handy, weg, auf dem sie die Uhrzeit nachgesehen hat. Wir mussten auch eine fixe Zeit für unsere Rückfahrt mit der Gondel buchen. „Dann lasst uns aber den einfacheren Weg runter nehmen." Mein Vorschlag trifft auf Zustimmung – denn den steilen Weg wieder runter, das wäre eine weitere Herausforderung, die ich nicht unter Zeitdruck auf mich nehmen möchte.

„Super, Leute – geschafft!" Maurus sieht genauso zufrieden aus, wie wir, denn wir haben sogar noch Zeit wieder die Schuhe zu wechseln, ehe die kleine Gondel uns ins Tal fährt. „Hier sind verdammt viele Leute auf der Terrasse", bemerke ich. „Stimmt." Sophia runzelt nachdenklich die Stirn. „Ich hoffe, das ist kein schlechtes Zeichen", bemerkt Dominik, „das Seil der Bahn bewegt sich gar nicht." Maurus folgt seinem Blick und seufzt: „Ich frage mal nach, was los ist." Wenige Augenblicke später berichtet er uns, dass die Bahn steckengeblieben ist. Es gibt ein technisches Problem und es sind noch Leute auf der Strecke. „Die sitzen in der Gondel fest, mitten auf dem Weg? Die müssen ja Panik haben!" Mich gruselt es beim Gedanken, in der prallen Sonne in dieser winzigen Gondel festzustecken, der Boden weit unter mir. „Da können wir nur abwarten, wie die anderen auch. Lasst uns doch einfach eine Kleinigkeit essen und trinken. Dann geht's bestimmt weiter." Maurus ist die Ruhe selbst.

Viele der Gäste nutzen die Zwangspause und lassen sich ein Gläschen, manch einer offenbar auch ein Fläschchen Wein schmecken. Beste Stimmung herrscht auf der Terrasse. Wir bestellen einen alkoholfreien Apfelwein naturtrüb von Möhl. Das herrlich erfrischende Getränk in der 0,5-Liter-Glasflasche mit Plöpp-Verschluss ist inzwischen schon zum kleinen Ritual geworden nach unseren Wanderungen. Dazu bestellen wir eine Bündner Nusstorte, das ist ein Mürbeteig gefüllt mit karamellisierten *Baumnüssen*.

Plötzlich tippt ein Mann in unserem Alter Maurus auf die Schulter, der dreht sich verdutzt um und sofort legt sich Wiedersehensfreude in seine Mimik. Er steht auf, und wir verstehen kein Wort.

„Tgau Andrin, co va ei? Gia daditg buca pli sevesiu! Eis sin viseta tier tes geniturs?" Maurus klopft ihm bei diesen Worten in einer typisch männlichen Umarmung auf die Schulter.

„Gie, mia mumma festivescha damaun siu 60avel anniversari e l'entira famiglia vegn a festivar. Oz gaudel jeu il di cun mes fargliuns. Nus sevesein gie era buca pli aschi savens. E tgei fas ti cheu?" Andrin wirft uns einen flüchtigen Blick zu.

„Oh con bi, lu lai salidar tuts. Nus essan quella fin d'jamna era sin viseta tier mes geniturs. Oz mussein nus ad in collega da lavur e sia dunna che vivan dapi cuort temps en Svizra entgins loghens en il cantun Grischun, il qual els enconuscheven tochen oz aunc buc", sagt Maurus.

„Gliez va naturalmein insuma buc!", pflichtet Andrin lachend bei. „Das ist meine Freundin Sophia, ihr kennt euch ja noch gar nicht." Maurus stellt uns nun nacheinan-

der seinem Freund aus Kindertagen vor. „Wir gehen jetzt runter, wir haben keine Lust mehr zu warten. Ich wünsche euch noch viel Spaß und vielleicht sieht man sich mal wieder, Maurus!“ Mit diesen Worten eilt er seinen Begleitern nach.

„Das war also Rätoromanisch?“, fragt Dominik neugierig. Maurus nickt, und Sophia hakt nach: „Und was habt ihr gesagt?“ „Ach, es ging einfach darum, was wir hier machen. Er ist dieses Wochenende ebenfalls bei seinen Eltern, weil seine Mutter morgen ihren sechzigsten Geburtstag feiert. Ich habe ihm kurz erzählt, wer ihr seid und dass ihr beiden Graubünden noch nicht kanntet.“ „Interessante Sprache“, merke ich an. „Ja, auf jeden Fall. Allerdings verlernt man es leider ein bisschen. Viele aus der Region sind wegen den Jobs weggezogen, und da spricht man eben nur Deutsch oder Italienisch. Aber mit meiner Mutter spreche ich viel, damit ich nicht zu viel vergesse.“ „Es gibt jetzt sogar einen Rapper, der in eurer Sprache singt, oder?“, merkt Sophia an. „Ja, es ist ganz cool. Es heißt immer, dass die Zahl jener, die diese Sprache sprechen, rückläufig sind. Und nun kommt so ein junger Typ mit brasilianischen Wurzeln und singt auf Deutsch und Romanisch. Seine Texte werden sogar an einer deutschen Uni besprochen.“ „Es ist sicherlich spannend, eine so außergewöhnliche Sprache über Musiktexte kennenzulernen“, sage ich. „Ja, bestimmt. Und wer weiß, vielleicht erreichen dieser *Snook* oder auch andere Künstler, das Rätoromanisch lebendig zu erhalten“, ergänzt Sophia.

Wieder haben sich einige Wanderer dafür entschieden, zu Fuß den Weg ins Tal zu nehmen. Der Abstieg zur Talstation Buchwald Malans bedeutet 1197 Meter Höhendifferenz. Nun gut, bis all diese Menschen hier per Bähnli unten sind, haben wir den Abstieg vermutlich schon geschafft. Mit einem schönen Gruß an die Knie tun wir es den anderen gleich, und los geht's abwärts.

„Ich frage mich ernsthaft, was die tun, wenn sie die Bahn nicht mehr zum Laufen bringen." Gerade schaue ich noch auf die stillstehenden Drahtseile, als uns eine Reihe Autos entgegenkommt. So, wie es aussieht, sind alle geländegängigen Fahrzeuge aus der Gegend zusammengetrommelt worden, um die Gäste der Älplibahn wieder ins Tal zu holen. „Da seht ihr's, wir Schweizer sind äußerst hilfsbereit." Maurus grinst uns vergnügt an.

„Habt ihr Lust, noch etwas essen zu gehen?", fragt er, als wir endlich beim Auto ankommen. „Ihr müsst unbedingt noch *Capuns* probieren!" Gesagt, getan. Damit wir möglichst viel Regionales probieren können, nehmen wir als Vorspeise eine Bündner Gerstensuppe, Dominik wählt *Capuns* und ich *Bizochels*. Unter Capuns versteht man eine Teigmasse, die in Mangoldblättern eingewickelt wird. „Es gibt vermutlich so viele Rezepte, wie es Familien gibt", witzelt Sophia. In Dominiks Fall findet sich im Teig auch Speck, und die grünen Paketchen sind mit Käse überbacken. Meine Bizochels erinnert ein wenig an Käsespätzle und schmecken unwiderstehlich cremig-würzig.

„Und wo übernachtet ihr jetzt?" „Auf deinen Tipp hin haben wir einen Zeltplatz an der Rheinschlucht reserviert." „Oh, schön! Das wird euch bestimmt gefallen, eine beeindruckende Landschaft dort. Dann solltet ihr morgen unbedingt noch Richtung Flims fahren und euch den Caumasee ansehen. Meiner Meinung nach ist das der schönste See in der Schweiz. Oder ihr geht den historischen Klettersteig Pinut. Der lohnt sich auch! Er ist für Anfänger geeignet, mit vielen Leitern, und er bietet eine Wahnsinnsaussicht." Maurus macht uns seine Heimat wirklich schmackhaft. „Außerdem gibt es hier jede Menge Murmeltiere! Und – letztes Jahr wurde nicht ohne Grund damit geworben, dass die Landschaften rund um Flims genauso spektakulär aussehen wie in Kanada, Schottland, Neuseeland …" *„Viva la Grischa!"*, ruft Sophia. „Das heißt so viel wie, es lebe Graubünden. Und nun hast du wirklich genug geschwärmt, die beiden können sich ja morgen nicht alles ansehen." „Stimmt schon, aber sie kommen bestimmt wieder!" Das nenne ich heimatverbunden ...

Der Rhein schlängelt sich durch eine tiefe Schlucht, zu den Seiten ragen helle Kalkfelsen, deren spektakuläre Formen den Betrachter einladen, der Phantasie freien Lauf zu lassen. „Das erinnert mich sehr an die Ardèche, wo wir paddeln waren." Wir beobachten die Kanufahrer, die im helltürkis schimmernden Fluss ihrem Sport nachgehen.

Flims, Laax und Falera sind vielen vor allem als großes Skigebiet bekannt. Dabei ist es hier auch im Sommer traumhaft schön. Der Caumasee liegt inmitten eines großen Waldgebietes, das Wasser glitzert in der Sonne in Grüntürkis-Tönen, und die warmen Temperaturen locken viele Badegäste. Im Wald duftet es würzig nach Fichten und Blumen. Bereits seit 1937 ist dieser förmlich in einem Kessel gelegene See durch eine Standseilbahn erreichbar, die an einen Aufzug erinnert und, neben der Schönheit des Ortes, ein weiterer Grund für die vielen Menschen hier ist.

„Maurus hat recht, es ist wirklich unglaublich schön hier", schwärme ich.

August

Seit 1891 begehen die Schweizer am ersten August ihren Nationalfeiertag. An diesem Datum gedenkt das ganze Land des Rütli-Schwurs aus dem Jahre 1291, der als Gründungsakt der schweizerischen Eidgenossenschaft verstanden wird. Der Mythos besagt, dass Vertreter der Kantone Uri, Schwyz und Unterwalden sich auf der Rütliwiese oberhalb des Vierwaldstättersees versammelt und geschworen haben, sich gemeinsam gegen Eindringlinge zu wehren.

Jedoch führte erst 1994 eine Volksinitiative dazu, dass an diesem Feiertag auch landesweit arbeitsfrei ist. Zuvor wurde das kantonal geregelt. Der Hauptfestakt der *Bundesfeier* findet auf jener Rütliwiese statt, wo der Präsident der Regierung eine Ansprache hält. Die Schweiz wäre aber nicht die Schweiz, wenn nicht an diesem Tag jeder Kanton, nein, fast jede Gemeinde, ihre eigene Feier hätte, mit Reden, Musik und Festlichkeiten. Es gibt, wie vermutlich in jedem Land, viele Menschen, die sich einfach nur über diesen extra freien Tag freuen und ihn im Kreise von Familie und Freunden verbringen. Ebenso finden sich aber auch Bürger, die diesen Anlass zelebrieren, indem sie ihr Haus in National- und Kantonsfarben schmücken oder die Flagge im Vorgarten hissen. Kurz vor dem ersten August erstrahlt das Innere der Supermärkte in rot-weiß: Fahnen, Tassen, Pappteller und -becher, Servietten bis hin zu roten Kuchenformen in Form des Schweizer Kreuzes. So bekommt das *Grillieren* an diesem Tag den letzten Pfiff.

Wenn es langsam dunkel wird, kann man vielerorts Kinder mit leuchtenden Lampions durch die Straßen spazieren sehen, und zur Abrundung eines solchen Tages gehört natürlich ein Feuerwerk! Eine andere Tradition sind die sogenannten Höhenfeuer. Auf vielen Berggipfeln und Anhöhen werden meterhohe Holzkegel errichtet und dann in Brand gesetzt. Die Feuer sind über weite Strecken sichtbar und sollen vor allem an die brennenden Burgen bei der Befreiung aus der Knechtschaft erinnern.

Wir haben uns überlegt, das lange Wochenende mit einem Kurzurlaub im Wallis zu füllen. Den weisen Worten eines guten Freundes folgend, nehmen wir nicht den Autozug durch den Berg, sondern fahren über den Furka-Pass. Denn: Man sieht mehr, wenn man die Nebenstrecken fährt. Wobei „Nebenstrecke" in diesem Fall eigentlich einer blasphemischen Äußerung gleicht – kein Geringerer als Sean Connery höchstpersönlich brachte 1964 in seiner Rolle als James Bond in „Goldfinger" diese Kurven zu Berühmtheit!

Die Strecke führt uns zunächst vorbei an der Teufelsbrücke, die in der Schöllenen-Schlucht über die wilde Reuss führt. Woher die Brücke Ihren Namen hat? Schon im 13. Jahrhundert versuchten die Urner immer wieder vergeblich, eine Brücke über den Fluss zu bauen. Doch Mensch und Tier stürzten hinab und fanden den Tod. Gemäß der Sage wurde verzweifelt gegrübelt, wie man diese Brücke zwischen den steilen Feldwänden zustande bringen könne. Eines Tages rief ein Landamman aus: *„Do sell der Tyfel e brigg bue."* (Soll doch der Teufel selber da eine Brücke bauen!) Prompt erschien der Teufel und bot einen Pakt an: Er würde eine haltbare Brücke errichten, dafür wollte er die erste Seele bekommen, die diese überquerte. Der Handel wurde geschlossen, und plötzlich befand sich eine starke Steinbrücke über der Schlucht. Nun rätselten die Urner, wen sie als erstes über die Brücke schicken sollten. Da hatte ein schlauer Bauer die erlösende Idee: Man scheuchte einen Ziegenbock hinüber auf die andere Seite. Der Teufel war rasend vor

Wut! Er ergriff einen großen Felsblock und wollte sein Werk damit sogleich wieder zerstören. Ein altes Frauchen reagierte schlau: Sie ritzte flink ein Kreuz in den Stein. Der Teufel erschrak so sehr, dass er den Felsbrocken daneben warf, er landete in der Nähe des Ortes Göschenen. Und dort liegt der sogenannte Teufelsstein nun seit Jahrhunderten, und die Brücke trägt seit jener Zeit den Namen Teufelsbrücke. Mit der Errichtung dieser Brücke konnte im 13. Jahrhundert die Schöllenenschlucht überwunden werden, was der Öffnung eines Tores nach Süden gleichkam.

Eine schöne Geschichte, wobei ein Detail mittlerweile zu korrigieren ist: Besagter Teufelsstein ruhte Jahrhunderte an eben jenem Platz, wohin ihn der Teufel geworfen hatte. Bis in den 1970er-Jahren genau an dieser Stelle ein Teil der neuen Gotthard-Autobahn entlangführen sollte. Was tun? Sprengen? Nein, man weiß ja nie ... So wurde der Felsbrocken für sehr viel Geld um rund 125 Meter verschoben.

Der Anstieg des Furka-Passes beeindruckt mich. Nur teilweise durch Leitplanken gesichert, schlängelt sich die schmale Straße den Berg hinauf, und in mir wächst eine Mischung aus nervösem Respekt und begeisterter Faszination. Ein Absturz mit dem Wagen würde bei diesen steilen Abhängen sicherlich tödlich enden. Dennoch ist die Aussicht gigantisch, und es ist ein Erlebnis, zu beobachten, wie sich die Landschaft verändert. Sei es der Blick hinunter ins Tal, sei es die Vegetation am Straßenrand, die sich mit jeder Windung der Straße wandelt. „Die sind ja wahnsinnig!", entfährt es mir, nachdem wir erneut einen Fahrradfahrer überholt haben, der sich den Berg hochkämpft. „Das ist doch mörderisch anstrengend! Und so eng." „Jap, und auf der anderen Seite wieder runter, das bringt die Bremsen zum Glühen." Auch Dominik ist beeindruckt. Dieser Pass, dessen höchste Stelle auf 2429 Metern liegt, ist auch Teil einer *Veloroute* durch die Schweiz.

Wir staunen nicht schlecht, als wir kurz hinter dem Berggipfel auf ein großes Gebäude stoßen, das sich eng an die Straße schmiegt. Dort steht es seit gut 130 Jahren, das Berghotel Belvédère am Rhonegletscher. In der nächsten Kurve befinden sich ein Parkplatz und ein Souvenir-Geschäft, das zugleich die Eintrittshalle zur Besichtigung des Gletschers mit einer ins Eis geschlagenen Grotte ist. Wir möchten jetzt aber weiter, die engen Kurven der Abfahrt warten auf uns.

„Langsam wird mir schlecht von den vielen Serpentinen." Meine Gesichtsfarbe muss zu meinen Worten passen, denn Dominik guckt mich etwas besorgt an. „Du sagst Bescheid, wenn wir anhalten müssen, ja?" „So schlimm wird es schon nicht werden." Hoffe ich. Wenige Kurven später öffnet sich das Tal. Leicht hügelig ist es hier, die Wiesen fast flach, links von uns begleitet uns ein Bachbett, und zu beiden Seiten ragen hohe Berge empor. Das Tal liegt weit und sonnig vor uns. Wir sind im Kanton Wallis, der sich im Südwesten des Landes befindet. Ganz im Westen tippt ein Zipfel an den Genfersee, die südliche Grenze berührt Frankreich und Italien.

„Na, dann mal los: Lerne deine Heimat kennen!" Mit dem Reiseführer in der Hand schaue ich herausfordernd zu Dominik. „Was soll ich dir denn erzählen? Dass das Wallis der drittgrößte Kanton ist? Und dass hier Deutsch und Französisch gesprochen wird?" „Sehr gut gemerkt. Kennst du denn auch den größten Berg hier?" „Das Matterhorn!" Dominik guckt stolz, bis ich widerspreche „Tja, leider daneben. Die Dufourspitze ist mit 4634 Metern der höchste Gipfel der Schweiz, sie liegt an der Grenze zu Italien. Das Matterhorn ist nur schlappe 4478 Meter hoch." „Ach, interessant! Dabei ist doch das Matterhorn *das* Wahrzeichen der Schweiz. Sogar auf der leckeren Toblerone findet sich dessen stilisiertes Abbild." „Ja, hier steht, dass er durch seine markante spitze Form der meistfotografierte Berg der Schweiz ist – aber eben nicht der höchste. Und", jetzt trifft ihn mein triumphierender Blick, „wusstest du denn auch, dass sich in dem Logo der Toblerone ein Bär versteckt?" Mit hochgezogenen Brauen warte ich auf das Nein. Dumm nur, dass Dominik auch neugierig durch die Welt geht. „Jawohl, stand letztens in der Zeitung." 1908 wurde diese feine Süßigkeit erfunden, seit 1960 findet sich das Matterhorn auf der gelben Verpackung, und nur wer ganz genau hinsieht, erkennt darin den Bären, der für Bern steht. Denn dort werden jährlich die 35 000 Tonnen *Schoggi* produziert, die in vielen Teilen der Welt gekauft wird.

Abgelenkt von den besonderen Häusern dieser Gegend unterbreche ich das Lesen im Reiseführer. Sie wirken alt und traditionell: Holzhäuser, mit den Jahren von der Sonne schwarz gefärbt, während die roten und pinkfarbenen Blüten in den Blumenkästen umso strahlender leuchten. „Halt da mal an!" Ich zeige auf ein kleines Holzhaus, von dessen Art wir nun schon einige gesehen haben. Die wenigsten der Blockhäuser sind unterkellert, sodass diese Speicher die Aufgabe der Lagerfläche für Lebensmittel übernommen haben. Auf Stelzen gebaut, ist der Inhalt vor der Feuchtigkeit des Bodens geschützt. Markant sind die flachen Steinplatten, die sich zwischen Stelze und Boden des Häuschens befinden. Sie bieten Schutz vor Mäusen und Ratten, der Name „Mäuseplatte" könnte nicht treffender sein. Die Flächen des Steins werden so bearbeitet, dass die Nager keine Chance haben, den Felskragen zu überwinden. Sehr ausgeklügelt!

Ich fühle mich sofort wie im Urlaub. Alles sieht anders aus, die traditionellen Häuser, die schmalen Straßen, und all das eingebettet in eine Traumkulisse von grünen Wiesen. Da wir noch nicht am Ziel sind, setzte ich meine Fragerunde fort: „Der Bernhardiner und sein Fässchen! Erzähl mal."

„Hm, ich glaube, es heißt, dass dieser Hund Menschen aus Lawinen gerettet hat, oder? Aber was hat das jetzt mit dem Wallis zu tun?" „Ach, man, dass macht ja keinen Spaß, wenn du immer alles weißt", spiele ich ein wenig die Beleidigte. „Es stimmt. Hier steht, dass der Bernhardinerhund in einem Hospiz auf dem Grossen Sankt Bernhard gezüchtet wurde. Auf diesem Alpenpass wurden sie als Lawinensuchhunde eingesetzt. Es heißt, der Bernhardiner Barry habe vierzig Menschen das Leben gerettet." „Und was ist mit dem Fässchen mit dem Schnäpschen?!" „Es ist eine Legende, dass darin Schnaps war, um die Lawinenopfer aufzuwärmen."

Bei den nächsten schmalen Serpentinen ist es vorbei mit Lesen, sonst möchte mein Mageninhalt ins Freie. So eine enge Straße, die sich um den Berg schlängelt! Vor uns nun der Tunnel, der einzige Weg ins beschauliche Binntal. An sich ja nichts Besonderes, denn wenn man sich an eines in der Schweiz gewöhnen sollte, dann an Tunnel und Kurven. Aber dieser Tunnel, nun ja! Er ist grob in den Fels gehauen. Wasser tropft aus dem düster beleuchteten Berg. Und er ist so schmal, dass zwei Wagen gerade so aneinander vorbeifahren können – wenn man aufpasst. Dominik fährt bewusst langsam in das schwarze Loch. Und, es wäre ja auch zu einfach gewesen, tatsächlich kommt uns auch schon ein LKW entgegen. Der bleibt stehen, signalisiert via Lichthupe, dass wir fahren sollen. Dominik lenkt unser Auto bis in eine der wenigen Haltebuchten, so nah an die Wand, dass der Spiegel schon fast den Fels berührt. Gerade ausreichend für das breite Gefährt.

Immerhin bietet dieser Tunnel den rund 150 Bewohnern des Binntals seit 1964 die Chance, auch im Winter ihr Gebiet zu verlassen. Bis dahin waren sie regelmäßig durch den starken Schneefall, der die Straßen blockierte, von der Außenwelt abgeschnitten. Bekannt und geschätzt ist dieses Tal, das sich auf 1500 Meter befindet, nicht zuletzt durch das hohe Aufkommen von Mineralien. Es heißt, die Grube Lengenbach gehört zu den zehn reichsten Mineralfundstellen der Welt. In einem hübschen Laden im Ort kann man sie alle bestaunen, die faszinierenden Farben und Formen der Gesteine aus den Bergen. So strahlt etwa der Dolomit in Schneeweiß, wohingegen der Realgarkristall mit Blutrot eine treffende Beschreibung erhält.

Unser Campingplatz befindet sich fast am Ende Tals, und ich bin heilfroh, dass wir endlich da sind. Ich muss so dringend aufs *WC*, wie die Schweizer sagen. Dominik hält schon Ausschau nach einem Standplatz für unser Zelt, ich flitze derweil in die Richtung, wo ich das Sanitär-Haus vermute. Dort stürme ich durch die Tür – und mir stellt sich eine Frau in den Weg: *„Güetuntag. Pardon, hie chänneder jetz gat nid i, ich bi gat am butzu. Aber da hinnerschig hets no as zweits hischi mit sanitäru alage. Geht eifach hie vorna dem wägji na und de löifeder diräkt druf züe!“* Mein Gedanke, während ich von einem Bein aufs andere tripple: „O nein, was sagt sie?!“ Zum Glück sind die Zeichen und ihre Gestik recht eindeutig. Schrubber in der Hand, Boden nass, Eimer – das scheint dann wohl zu bedeuten, dass ich hier gerade nicht rein darf und den Weg runter soll, in dessen Richtung sie gezeigt hat. Also los!

Heidi hatte es vor unserer Abreise so nett formuliert: „Na, stellt euch aber darauf ein, dass ihr im Wallis echt keinen versteht. Den Dialekt verstehen selbst Schweizer nur mit sehr viel Mühe – wenn überhaupt.“ Da hilft es auch nicht viel, dass dies der deutschsprachige Teil des Kantons ist.

Der Campingplatz ist traumhaft – er liegt inmitten von Bergwiesen, naturwüchsig mit Bäumen und einem Bächlein, das laut vor sich hin plätschert. Jeder Platz hat Feuerstellen, die offenbar von Gästen gebaut wurden. Es hat den Eindruck von wild Campen mit leichtem Komfort von Toiletten und Duschen – und einem Brötchenwagen, der jeden Morgen vorbeikommt.

Nach einer sehr entspannenden Nacht bin ich nun an der Reihe, etwas Feines fürs Frühstück zu kaufen. *„Güetuntag. Was chan ich ew abietu?"* Oje. „Entschuldigung, ich habe Sie leider nicht verstanden." Der Mann an der Theke wiederholt seine Worte für mich: „Guten Tag, was kann ich euch anbieten?" Als ich meine duftende Tüte in der Hand halte, verabschiedet der nette Mann jenseits der sechzig mich freundlich: *„Ich wischune a scheene Tag!"* Vermutlich wünscht er mir einen schönen Tag, und so erwidere ich, etwas ins Blaue: „Danke. Einen schönen Tag noch!" In der Schweiz ist dies ein, ja, man kann es wohl Ritual nennen. Egal welchen Ort man verlässt, Restaurant, Supermarkt, immer wird einem ein schöner Tag, ein schöner Abend, ein schönes Wochenende etc. gewünscht. An diesen höflichen Umgangston habe ich mich schnell gewöhnt und finde das ausgesprochen angenehm.

Nach der morgendlichen Stärkung, bei dem uns ein paar Sonnenstrahlen die Nase gekitzelt haben, machen wir uns auf den Weg: ab zur Binntal-Hütte des Schweizer Alpen-Clubs. Unterwegs stoppt Dominik mich plötzlich. „Pssst", mit dem Finger deutet er nach rechts. Ich sehe eine weite Wiese, die zum Bach abfällt, und frage mich schon, was es denn zu sehen gibt. Da! Murmeltiere! Ohh, wie süß! Da reckt sich schon eines dieser kleinen Pelztiere, gibt einen hohen Pfiff von sich, wir sehen noch ein hellbraunes Hinterteil über den Boden huschen, und schon sind sie allesamt in ihren Erdlöchern verschwunden. Ob wir nun zu laut waren oder zu verräterisch nach Mensch gerochen haben, wer weiß das schon. Aber hey, ich habe Murmeltiere gesehen!

Bedrohlich verdunkelt sich der Himmel. Zwar ist der Weg nicht mehr lang, allerdings führt er uns noch über eine Ebene. Im Gewitter nicht ganz ungefährlich. „Meinst du, wir sollten umkehren?“ „Wenn es nur Regen gibt, ist es egal, wir haben ja Klamotten dabei. Weit ist es nicht mehr. Wenn wir uns ein wenig beeilen, schaffen wir es bestimmt noch zur Hütte.“ Wir legen einen Zahn zu, um unsere Mittagspause in der gemütlichen Hütte auf 2275 Meter zu verbringen. Wir erreichen die Ebene, große Felsbrocken, gelblich grüne Wiesen und ein Bachlauf zeichnen ein verwunschenes Bild. Nur das Tröpfeln auf dem Kopf stört. Mit verschlammten Schuhen Regensachen anziehen, ist keine Freude. „Gerade rechtzeitig“, seufze ich, als es wie aus Kübeln zu schütten beginnt. Und dann Donnergrollen.

O nein! Hier gibt es kaum Schutz. Heißt es nicht immer, man soll weite Ebenen bei Gewitter meiden? Argh! Es scheint, als senkten sich die Wolken auf uns nieder, wir sehen die Hütte in der Ferne nicht mehr. Also los, immer von Markierung zu Markierung laufen wir Richtung Hütte. Von meiner Kapuze tropft es, mir läuft das Wasser ins Gesicht, wenn ich versuche, mehr als zwei Schritte vorauszuschauen. Donner. Schon wieder! Ziemlich laut für meinen Geschmack. Immer schneller, von Stein zu Stein – hier oben ist ein Moorgebiet, und die Steinplatten bilden zum Glück einen gut sichtbaren Weg. Schmatz! Ich bin knapp neben eine Platte getreten und sinke umgehend bis zum Knöchel ein. Erneut ein schmatzendes Geräusch, als ich den Schuh wieder herausziehe. Und schon wieder Donnergrollen! Es ist so laut, gepaart mit dem strömenden Regen, dass wir uns fast anbrüllen müssen, um uns zu verständigen. Wir sind alles andere als ruhig. „Da!“ Endlich kann man sie erkennen. Die Hütte, die zum Großteil aus grauem Naturstein erbaut wurde, schmiegt sich so an die Felswand, dass sie sich bei diesem Licht und den Wolken kaum erkennen lässt. Wir eilen über den kleinen Pfad, der sich an der grauen Felswand entlang schlängelt.

Geschafft! Wir öffnen die Holztür und tropfen den Eingang voll. *„Salü zämu! Chummet zersch amal i. Da hinnerschig chänneder d'nassu Sache üfheichu, eifach durch die Tirri, derna gsehder de scho.“* Der Hüttenwart lächelt so herzlich und einladend, dass unsere Anspannung etwas abfällt. Am langen Holztisch links von uns sitzen schon zehn Wanderer, die uns ebenfalls freundlich anschauen. Es ist sehr gemütlich hier, ein großer Raum, der mit einem Holzofen beheizt wird. Die Küche ist nur durch eine Art Theke abgetrennt. Es duftet nach Kaffee und Suppe. Die kleinen Fenster sind beschlagen, wir alle dampfen noch vom Schweiß des Aufstiegs und der Nässe des Regens.

Als wir unsere Sachen in dem hinteren kleinen Raum zum Trocknen ablegen, sehen wir schwere Bergschuhe und Pickel. Vermutlich hat der eine oder andere Gast noch etwas Größeres vor. Nur eine halbe Stunde von hier führt ein Weg über den Pass, und dann steht man schon auf italienischem Boden. Die Hütte wird auch für Übernachtungen genutzt, um von hier aus schwere oder lange Bergtouren zu unternehmen. Überhaupt sind die Berghütten im Alpenraum ein besonderes Phänomen. Nicht selten sind sie nur zu Fuß oder mit einem Helikopter zu erreichen. Was zur Folge hat, dass das Angebot in den Küchen meist eingeschränkt und vom Wetter abhängig ist. Wenn einige Tage kein Heli mit Nachschub kommen kann, gibt es irgendwann nichts mehr, außer vielleicht Dosensuppe und Bratkartoffeln. Allerdings finden sich auf den Hütten durchaus auch immer regionale Leckereien, und den Hüttenwarten liegt das Wohl ihrer Gäste am Herzen. Nicht selten unterhalten sie sich mit den Wanderern über die Routen, das Wetter, die Region. Wenn sich einer auskennt, dann sie.

Übernachtungsgäste werden gebeten, *Finken* mitzubringen, damit die Schlafräume nicht durch die Bergschuhe verdreckt werden. Außerdem ist man froh, nach einer langen Wanderung die Füße in ein paar gemütliche Hausschuhe stecken zu können.

Wir haben kaum Platz genommen, da kommt schon der Hüttenwirt *„Was chani ew bringu? Heider luscht uf as täller Suppa?“* „Entschuldigung, ich habe Sie nicht verstanden“, erklärt Dominik unsere verwirrten Mienen. „Ach, ihr seid Deutsche, was? Ich fragte, was ich euch bringen darf? Wir haben eine feine Suppe auf dem Herd, wie wäre es?“ „Sehr gerne, und zwei Apfelsaftschorlen dazu, bitte.“

Die heiße Suppe wirkt Wunder. Energie und Gelassenheit kehren zurück, und da es nicht so aussieht, als wollte der Regen nachlassen, machen wir uns – nicht ganz so motiviert – auf den Rückweg. Und müssen feststellen, dass die Wasserundurchlässigkeit von Regenklamotten und Rucksäcken ihre Grenzen hat. Prima!

Wir beschließen, den Weg bis in den nächsten Ort hinein zu verlängern. Dort können wir uns sicher in einem Restaurant trocknen, wärmen und mit etwas Typischem den schon wieder einsetzenden Hunger stillen.

In der urigen Gaststube wird uns *Cholera* empfohlen. Das klingt unheimlich. Man sagt, dass dieses Gericht vermutlich in der Zeit der Cholera-Epidemien um 1830 entstanden ist. Weil die Menschen sich nicht mehr auf die Straßen wagten, wurde alles, was der Vorrat hergab, zu einer Pastete verarbeitet: z. B. Kartoffeln, Lauch, Käse, Zwiebeln, Äpfel, Birnen, Speck – alles in einen Mürbeteig, und ab damit in den Ofen. Unsere Cholera ist gefüllt mit Äpfeln, Lauch, *Gschwellti* (Pellkartoffeln) und Walliser Käse. Köstlich und dabei eine kreative Variante, um das Gemüsefach zu leeren.

Anfang des Monats hatte mir Martina vom Quartiersfest erzählt, im Waschkeller, wo auch sonst. Die Bewohner der vier Häuser, die hier im Quadrat um „unseren“ Spielplatz stehen, möchten ein kleines Sommerfest veranstalten. Heute früh haben wir beim Aufbau geholfen. Einer der Mieter hatte Bierzeltgarnituren organisiert, also haben wir Tische und Bänke aufgestellt, Papiertischdecken festgeklebt, Teelichter und ein bisschen Deko platziert. Für Beleuchtung wurde ebenso gesorgt wie für Musik. Ein anderer der Hausbewohner betreibt einen Weinhandel. Welch eine Freude für uns alle, denn er stellte nicht nur einen Kühlschrank zur Verfügung, er hatte ihn auch mit Wein und Saft befüllt. Zusammen mit anderen Müttern haben Martina, Susann und Stefanie Spiele für die vielen Kinder überlegt, damit auch die ihre Freude am Fest haben. Natürlich darf der Grill nicht fehlen, in diesem speziellen Fall sind es gleich drei. Als ich im Supermarkt Fleisch für uns kaufte, hätte die Werbung an der Kühltheke nicht passender sein können: *Jetzt chame grilliere!*

Ich stelle unsere Schüssel *Teigwarensalat* neben die vielen anderen Leckereien, die Tische biegen sich fast unter den vielen Schalen unserer Mitbringparty. Das Essen würde vermutlich auch noch ein weiteres Quartier satt machen können.

Im Laufe der Gespräche stelle ich fest, dass in den Häusern völlig unterschiedliche Menschen leben – vom Single bis zur Familie mit drei Kindern. Die Palette der Berufe reicht vom Selbstständigen, der ständig auf Reisen ist, über eine Ärztin, einem Helfer auf dem Bau, einem Bäcker beim Coop (er hat uns ein phantastisches Riesenbrot spendiert) bis hin zur Kindergärtnerin. Auch bei Alter und Nationalität herrscht große Vielfalt. Es ist eine interessante Mischung von Menschen, die hier an der langen Tafel sitzen und ganz unvoreingenommen miteinander redet. Die Stimmung ist ausgelassen, und offensichtlich macht es allen Freude, die Nachbarn überhaupt oder besser kennenzulernen.

„Hast du inzwischen eine Arbeitsstelle gefunden?“ Diesmal kommt die Frage von Anna. Erleichtert seufze ich: „Ja,

Anfang der Woche habe ich eine Zusage bekommen." Ich strahle übers ganze Gesicht, und alle um mich herum freuen sich mit mir. „Wie schön! Na endlich! Was ist es denn, was machst du?" „Leider nur eine kleine Aushilfsstelle, aber ich freue mich über diese Chance! Und mit dem Studienbeginn steht es auch nicht schlecht, wenn es zunächst nur wenig Stunden sind."

Über drei Ecken hatte ich den Tipp bekommen, dass der Betrieb jemanden als Springerin sucht, vor allem für Vertretungen an Wochenenden oder wenn eine der Mitarbeiterinnen in *Ferien* geht. Zwar habe ich in dem Arbeitsfeld keine Erfahrung, und den Bereich „betreutes Wohnen" hätte ich von mir aus nicht angestrebt – aber es ist *die* Gelegenheit für eine erste Anstellung in der Schweiz! Der Arbeitgeber ist bereit, mir diese Möglichkeit zu bieten, da wäre ich dumm, sie nicht zu nutzen.

Der Abend vergeht wie im Flug, zu vorgerückter Stunde sitzen wir noch im Kreis unserer direkten Nachbarn und löffeln unser Dessert. Und das ist himmlisch: Eine Banane wird in der Schale einmal aufgeritzt, in diesen Schlitz wird Schokolade geschoben. Zudrücken, Alufolie drum herum, und ab auf den Grill. Das Ergebnis ist warme, weiche Banane mit flüssiger Schokofüllung – so einfach wie lecker und für die *Pfadis* des Landes *die* klassische Nachspeise. Während ich noch genieße, beobachte ich plötzlich, wie so eine fiese kleine braune Schabe über den Tisch krabbelt. Bevor ich überhaupt reagieren kann, hat Susann schon wie selbstverständlich das Vieh in die Wiese geschubst. Sie hat nicht mal mit der Wimper gezuckt. Okay, das ist doch ein klarer Beweis, dass die hier genauso wohnen wie die Baumwanzen. Diese kleinen Ungeheuer verströmen einen widerlichen Gestank, wenn man sie zertritt. Dieses Abwehrsekret ist nur sehr schwer wieder loszuwerden, daher tragen sie auch den vortrefflichen Namen: Stinkkäfer.

„Ist euch aufgefallen, dass unser Haus mit den meisten Leuten vertreten war?", kommt die eher rhetorische Frage, denn das kann kaum entgangen sein. „Na klar, wir sind eben auch die Coolsten!" Beat, Susanns Mann, erhebt sein Glas *„Uf eus, liebi Nachbäre! Proscht!"* „Zum Wohl!" „Prost!" Mit lautem Klirren stoßen wir an.

Dann erkundigt sich Stefanie nochmal nach meinem neuen Job, sie hatte es eben am Rande mitbekommen. „Und wann geht's los?" „Am Dienstag ist mein erster Tag. Dann gibt es drei Tage Einarbeitung, und Anfang September habe ich dann den ersten Wochenenddienst." „Ja, dann kommt jetzt alles auf einmal, was?! Aber hey, freut mich für dich, dass es nun auch bei dir läuft!" „Wo musst du hin, ist es weit?" fragt Susann. „Nein, ich brauche in etwa eine halbe Stunde – egal, ob ich mit der Bahn oder dem Velo fahre." „Prima!", kommt es von Martina. „Mit dem *Velo*?" Das letzte Wort betont Beat überdeutlich. „So, so, nicht mehr mit dem Fahrrad? Da hast du dich aber schnell assimiliert", sagt er lachend.

Plötzlich ist Dienstag. *Der* Dienstag. Mein erster Arbeitstag. An einem Schnuppertag habe ich schon einen kleinen Einblick bekommen, kenne aber noch nicht alle Mitarbeiter und Klienten. Meine letzte Arbeitsstelle liegt schon eine Weile zurück, die ganzen Absagen dazwischen – ja, ich bin nervös. Gestern habe ich Muffins gebacken, keine Ahnung, ob man das in der Schweiz so macht. Aber ich weiß, dass es heute eine Teambesprechung geben wird, und ein süßes Mitbringsel von der Neuen finde ich immer nett.

So eine Begrüßung habe ich noch nicht erlebt! Im positiven Sinn. Die neue Chefin drückt mir eine Box mit *Schoggi* und eine Karte in die Hand und sagt: *„Herzlich willkomme bi eus! Nora wird dich inde kommende Täg is-chuele. Aber du chasch natürli au suscht jede apräche, wännd Frage häsch."*

Dann stellt sie mich allen vor, und kurz bevor die Teamsitzung beginnt, macht sich jeder einen Kaffee oder Tee, und meine neuen Kolleginnen plaudern munter drauf los.

Nora scheint aus Österreich zu stammen, alle anderen sind Schweizer. Und es sage noch mal jemand, dass die Einheimischen alle langsam sprechen. Von wegen! Wir sitzen um einen runden Tisch, die Muffins in der Mitte, und die anderen diskutieren gerade etwas – schon beim dritten Satz bin ich raus, ich habe sie nicht verstehen können und damit den Faden verloren. Jetzt wird's wohl ein Schubs ins eiskalte Wasser mit dem Sprachtraining. Zum Glück muss ich heute fast nur hinterherlaufen, mich vorstellen und die Ohren spitzen. Was mir bei Nora leichter fällt, da sie auf der Arbeit ihren Heimatdialekt zu vermeiden versucht. Wobei die Sprachgrenzen und -hürden mit Vorliebe im ganz Kleinen lauern: „Kannst du mir mal einen Fetzen bringen?" „Was meinst du?", frage ich sie rätselnd. „Ach so. Ähm, wie sagt man hier noch gleich? Einen Lumpen – kannst du mir einen holen?" Ich verstehe sie immer noch nicht und merke, wie mir das Blut in die Wangen schießt. Nora fahndet offensichtlich in ihrem Kopf nach einem anderen Ausdruck „Na, so ein Stofffetzen, womit man etwas aufwischt oder spült." „Du meinst einen Lappen? Also, ähm, Spüllappen?" Nora lacht und nickt. Aha, willkommen in der Multikulti-Arbeitswelt!

Am kommenden Morgen geht's in diesem Stil gleich weiter. Ein Klient kommt zu mir und fragt: *„Chasch mer du bitte Fleischchäs gäh? Ich möchte mer äs Iklämts für zum go Schaffe mache."* Entgeistert schaue ich ihn an. Es ist erst kurz nach acht, und schon ich steh auf dem Schlauch. Er versucht es auf Hochdeutsch „Kannst du mir bitte Fleischkäse für ein *Iklämts* geben?" „Also, die Wurst bringe ich dir sofort. Aber verrate mir doch bitte noch, was du mir mit dem letzten Wort sagen möchtest?" Zum Glück grinst er nur diebisch: „Hehe, damit habe ich Nora auch erwischt! *Iklämts* – das bedeutet Sandwich." „Ahhh, okay. Das werde ich nun bestimmt nicht mehr vergessen." Ich drücke ihm die Wurst in die Hand und mache mir einen Eintrag ins imaginäre Vokabelheft.

Die ersten Tage beim Einarbeiten vergehen ganz schnell, und abends habe ich das Gefühl, mein Kopf sei ein Ballon, der über meinem Körper schwebt. Randvoll mit Informationen und neuen Ausdrücken. Es gibt so etwas wie Patenschaften, wenn ein Klient einen Neuen am Anfang begleitet und ihm für Fragen zur Seite steht. Auf einem Formular steht dann: *„Götti/Gotte"*. Okay, dass dies der Begriff für Pate ist, hatte ich mir schon gedacht, aber welches Geschlecht steht dahinter? Götti ist männlich, Gotte ist weiblich. Und der Ausdruck, jemand ist *ufgstellt*, bedeutet so viel wie: die Person ist gut drauf, positiver Stimmung.

So lerne ich jeden Tag neue Wörter und versuche meine schweizerischen Mitmenschen so gut es geht zu verstehen. Übung soll bekanntlich zur Meisterschaft führen, oder wie war das?

September

DIESEN MONAT GEHT MEIN ANKOMMEN in die dritte Runde. Wieder ein Neuanfang. Auf der Arbeit werde ich mein erstes Wochenende alleine Dienst haben. Und das Studium beginnt. Endlich. Es wird Zeit, dass mein Leben in der Schweiz Kontur bekommt und „richtig beginnt“. Dass ich Alltag erlebe, Kontakte knüpfe, meinen Grips anstrengen muss und so vieles mehr. Und dass es eine gewisse Routine gibt. Denn es ist verdammt anstrengend, nicht zu wissen, wie es weitergeht. In den Tag hinein zu leben, gefüllt mit Ungewissheit. Nun wird sich alles fügen – daran möchte ich zumindest ganz fest glauben.

Die letzten freien Tage vor dem Start ins Studium versuche ich bewusst zu genießen. Dominik hat einen beruflichen Termin in Genf, und die Möglichkeit, die Stadt am anderen Ende des Landes anzusehen, lasse ich mir nicht entgehen. So sitzen wir im Auto Richtung Genf, einmal quer durchs Land. Der Weg führt uns in den Südwesten, vorbei an Bern, der *Bundesstadt* des Landes, die, genau genommen, nicht die Hauptstadt ist. Ein eindrückliches Beispiel für die viel beschriebene Kompromissbereitschaft und -fähigkeit der Schweizer.

Bis 1848 bestand die Schweiz aus einem Verbund souveräner Kantonalstaaten, und zu jener Zeit sollte erstmals eine zentralstaatliche Organisation geschaffen werden: ein Bundesstaat. So weit, so gut. Nur welcher Kanton sollte nun Sitz der neuen, nun nötigen Behörden wie Bundesrat, Bundesverwaltung etc. werden? Bis zu diesem großen Zusammenschluss wurden die Versammlungen der Gesandten der Kantone nach dem Rotationsprinzip immer wieder an anderen Orten abgehalten. Zur Wahl standen letztlich Luzern, Zürich und Bern. Es gibt verschiedene Theorien, warum der Entscheid auf Bern fiel. Noch heute munkelt man, dass es auch darum ging, schon damals Zürich nicht noch mehr Einfluss zu geben. Aber die Verwaltungsräte beschlossen, dass auch Bern nicht zu viel Macht zu kommen solle – in erster Linie sollte dort der Sitz der Bundesbehörden sein. Nicht mehr und nicht weniger.

Die eigentlich dreistündige Fahrt verlängert sich in der Autoschlange vor Lausanne, kurz bevor wir den Genfersee erreichen. Auf der Karte des Navis sieht der See aus wie ein Wal, der sich auf die Südgrenze des Landes gelegt hat und dessen Schwanz im Kanton Genf liegt. Gut, mit etwas Phantasie. Immerhin ist er der größte See der Schweiz und sogar der zweitgrößte Europas. Dafür muss sich die Schweiz den Genfersee mit Frankreich teilen, wo er *Lac Léman* heißt. Der Großteil der Südküste gehört zum französischen Nachbarn, und ohnehin ist der Kanton Genf von Frankreich nahezu umzingelt. Dennoch wird das Wort „Franzose“ im Zusammenhang mit Genfern (oder Westschweizern im Allgemeinen) gerne genutzt, um sie zu ärgern, manch einer fühlt sich richtig beleidigt, wenn man ihn in einen Topf mit dem großen Nachbarn steckt.

„Letzte Woche, bei der Weiterbildung, meinte einer zum Thema Genf: Ah du fährst zu den Russen!“, amüsiert sich Dominik. „Was ist denn damit gemeint?“ „Er erklärte mir, dass die *Welschen*, also die Schweizer im französischsprachigen Teil der Schweiz, tendenziell linker wählen als die Deutschschweizer.“ „Ach, und weil die Russen die klassischen Kommunisten sind, werden die Westschweizer damit aufgezogen?“ „So habe ich es verstanden, ja“, antwortet Dominik. „Das ist wohl auch die Kernaussage des ganzen Geredes über den *Röstigraben*. Reto erklärte mir letztens, dass der Begriff landläufig dafür genutzt wird, wenn es um die Mentalitätsunterschiede zwischen den Deutschschweizern und den *Romands* geht. Irgendwie sind sich die zwei Bevölkerungsgruppen nicht immer ganz grün." Meine Gedanken kreisen noch um einen anderen Punkt: „Allein, wie viele Begriffe die Deutschsprachigen für ihre französischsprachigen Landmänner haben ist beachtlich."

Die Grenze dieses virtuellen Rösti-Grabens wird häufig mit dem Lauf der Saane (*Sarine* auf Französisch) beim schweizerischen Freiburg gleichgesetzt, im Grunde geht es aber vor allem um die Sprachgrenze zwischen Deutschschweiz und Romandie. Im französischen Sprachraum heißt er *rideau de rösti,* also Röstivorhang, oder *barrière de rösti,* was so viel heißt wie Röstizaun. Immer wieder stolpert man über diese Begriffe, vor allem wenn es um die Ergebnisse der Volksabstimmungen geht.

Röstigraben – für die meisten Schweizer nicht nur ein scherzhafter Begriff, sondern ein Phänomen, das es ernst zu nehmen gilt. Oder gar zu pflegen? – Egal, auf welcher Seite der Sprachgrenze. Jeder, den ich treffe, weiß eine Anekdote oder ein Ärgernis zu erzählen. Gut, nun bewegen wir uns in der Deutschschweiz, sodass die Eindrücke einseitig gefärbt sind.

„Wurde dazu dann noch mehr erzählt?" Meine Neugierde ist geweckt. „Ja, es wurde heiß über die Unterschiede zwischen Deutsch- und Westschweiz diskutiert. Es war jemand dabei, der in *Fribourg* aufgewachsen war." „Und? Was war der Kern des Ganzen?" Dominik kramt in seiner Erinnerung. „Ja, hm. Raphael aus Fribourg schimpfte, dass die Deutschschweizer sich für die Bestimmer, die Macher des Landes halten und aus ihrer Sicht immer alles besser wüssten. Und Sacha, der Deutschschweizer, hielt dann schnell dagegen, dass die Romands dafür immer schon aus Prinzip dagegen seien, dass sie eine Anti-Haltung gegen alles aus der Ostschweiz hätten, ohne konstruktive Vorschläge zu bringen. Und überhaupt ständig Französisch reden würden, obwohl sie doch Deutsch könnten." „Das klingt ja nicht gerade nach einer entspannten Pausenunterhaltung", erwidere ich. „Ich muss dazu sagen, dass sich die beiden an sich gut verstanden haben. Mir schien es, als zögen sie sich einfach ein bisschen auf." „Na ja, aber sowas in der Art haben wir ja nicht erst einmal gehört", gebe ich zu bedenken. „Schon, aber die beiden waren eher scherzhaft drauf. Als sie dann noch anfingen, die Deutschschweizer seien ja alle konservativ bis rechts und die Welschen dafür alle links und die Meinung des jeweils anderen völlig inakzeptabel, da konnten sie sich das Lachen kaum verkneifen", fährt Dominik fort. „Also eher das typische Necken der Regionen?" „Ja, die waren nachher echt friedlich. Wobei ich mich schon frage, wie viel Wahres da dran ist – bei beiden Seiten." „Vielleicht werden wir das mit der Zeit ja noch besser durchschauen."

Ein Seitental dieses Röstigrabens scheint mit Müll gefüllt. Oder vielmehr mit dem Thema dessen Entsorgung. So titelten die Zeitungen 2011: „Das Bundesgericht schüttet den *Güsel-Graben* zwischen der Deutsch- und Westschweiz zu." Westschweizer zahlten die Müllentsorgung ausschließlich über Steuergelder. Das ärgerte die Deutschschweizer ungemein, denn sie mussten (und müssen) *Sackgebühren* zahlen. So kauft man im Supermarkt oder bei der Post eine Rolle mit zehn Müllsäcken, je in den Farben und mit der Aufschrift der Gemeinde, in der man lebt. Ein Sack mit 35 Litern Fassungsvermögen kostet in etwa 1 Franken und 80 Rappen – ganz im Zeichen des gelebten Umweltschutzes. Oder, wie faktisch argumentiert wird: Die Finanzierung der Abfallentsorgung erfolgt nach dem Verursacherprinzip. Denn wer gut trennt, der spart bares Geld. Es kann ein Ansporn sein, Müll zu vermeiden, Glas zum Container zu bringen etc. In jenem Sommer entschied das Gericht, dass die Steuerfinanzierung in der Westschweiz diesem Prinzip und damit dem schweizerischen Umweltschutzgesetz widerspricht. Na endlich müssen sich die im Westen anpassen, hieß es dann im Osten. Aber nicht so schnell, hieß es wiederrum im *Welschland*. Der Föderalismus bis in die kleinsten Gemeinden bringt es mit sich, dass die Umsetzung eines solchen Entscheides dauern kann. Vor allem, wenn man sich schon aus Prinzip weigert. Denn die Westschweizer haben schlicht eine andere Haltung zu dem Thema und fühlen sich übergangen. Um die Umsetzung hinauszuzögern, werden dann auch diverse Gründe benannt, warum die Sackgebühren keinesfalls sofort eingesetzt werden können. Mit dem Ergebnis, dass auch 2013 noch nicht jede Gemeinde *Güselsäcke* verkauft.

Es wäre schon merkwürdig, wenn es nicht auch einen *Polentagraben* gäbe – der, wie sollte es anders sein, die Grenze zwischen der Deutschschweiz und der italienischsprachigen Schweiz darstellt. Allerdings wird dieser Begriff vor allem in den Medien genutzt, wenn es um die Sonnenstube des Landes geht, und anscheinend wird er weniger gepflegt als der Röstigraben.

Diese gefühlten Gräben des Landes bieten Stoff für Schlagzeilen und Diskussionen. Wie tief sie letztlich sind, kann vermutlich nur jeder für sich allein entscheiden. Wie sagte Heidi so schön: „Wir ärgern uns oft übereinander, lästern über die jeweils anderen Regionen. Aber wenn es darauf ankommt, sind wir ein Land und froh, Schweizer zu sein."

Und sie halten auch zusammen, wenn es darauf ankommt. Alles andere wäre auch zu schade. Diese Vielfalt an Sprache, Kultur, Natur in einem, wenn man ehrlich ist, sehr kleinen Land – das ist einmalig. Vier Sprachen mitsamt eigenem Lebensgefühl. Jede Regionen versprüht ihren speziellen Charme, hier und da schwingt ein Hauch des

Flairs des jeweiligen Nachbarlandes mit, und zugleich hat jede Gegend etwas Ur-Schweizerisches. Natürlich birgt Vielfalt auch immer Konfliktpotenzial. Das bleibt wohl nicht aus.

Genf empfängt uns in düsterem Licht. Es ist trüb, es regnet, und das Grau des Himmels lässt die Hochhäuser der Vorstadt noch trister wirken. Nachdem wir im Hotel eingecheckt haben, fahren wir per S-Bahn in die City. Am Hauptbahnhof zeigt sich das übliche Bild vieler Städte: Hier treffen sich Arm und Reich, Glamour und Rotlicht. In diesen Straßen in der Nähe des Bahnhofs sieht man Genf nicht sofort an, dass es zu den teuersten und reichsten Städten der Welt gehört.

Es erleichtert mich, dass die meisten Speisekarten der Restaurants neben Französisch auch in Englisch ausgeschrieben sind. In dem Restaurant, das wir uns spontan ausgesucht haben, ist das Servicepersonal so freundlich, über unsere Unkenntnis der französischen Sprache hinwegzusehen. Wir werden auf Englisch bedient. Nun gut, Genf hat einen Ausländeranteil von fast fünfzig Prozent, da grenzt es wohl an eine Unmöglichkeit, auf der örtlichen Sprache zu beharren.

Als ich am kommenden Morgen bei strahlendem Sonnenschein vor dem langen Zaun des UNO-Gebäudes stehe, erfasst mich ein Fünkchen Ehrfurcht. So viele Staaten entsenden ihre Leute hierher! Neben den rund zwanzig internationalen Organisationen hat sich auch eine Vielzahl Nichtregierungsorganisationen in der zweitgrößten Stadt der Schweiz niedergelassen. Hier treffen Persönlichkeiten verschiedener Länder zusammen, um Konflikte zu diskutieren, Lösungen und Kompromisse zu erarbeiten. Offenbar streitet und verhandelt es sich auf „neutralem" Boden leichter.

Neutralität ist für die Schweizer seit jeher die entscheidende Basis. Einige Stimmen sagen, das Zusammenleben mit verschiedenen Sprachen, unterschiedlichen Kulturen und Konfessionen sei einzig auf der Basis von Kompromissbereitschaft und Neutralität möglich. Es durfte in der Vergangenheit keiner bevorzugt oder benachteiligt werden, und man bemühe sich, dem Begriff „keinem von beiden" gerecht zu werden. Nur so sei es möglich gewesen, Frieden im Land zu wahren.

Diese Haltung zog auch in die Außenpolitik ein, die selbstgewählte dauernde Neutralität ist ein Grundprinzip der Schweiz. Neutrale Staaten unterliegen gewissen Regeln, darunter jener, sich aus bewaffneten Konflikten anderer Länder herauszuhalten und die Selbstverteidigung des eigenen Landes sicherzustellen. Die Ausübung der Neutralität wandelt sich und unterliegt immer wieder neuen Entscheidungen, je nach den Herausforderungen der Zeit. Eine Konsequenz aus dem Weltgeschehen scheint etwa der Beitritt zur UNO gewesen zu sein, dem 2002 das Schweizer Volk mit einer winzigen Mehrheit zustimmte.

Die vielen Fahnen der Länder säumen den langen Weg zum *Palais des Nations*, dem Völkerbundpalast. Dieses 600 Meter lange Gebäude, Ort für rund 8000 Treffen, darunter etwa 600 größere Konferenzen jährlich, liegt mitten in einem wunderschönen Park direkt am Genfersee. Hier lässt es sich als Vertreter der eigenen Nation vermutlich gut aushalten.

Dass aber nicht immer alles eitel Sonnenschein ist, zeigen die Demonstranten vor dem Zaun, die tagtäglich für ihre Rechte einstehen und auf Gehör hoffen. Das Bild, das sich bietet, könnte kaum passender sein. Auf der einen Seite das noble europäische Hauptquartier der UNO, in das adrett gekleidete Personen, die mit mir aus der Straßenbahn gestiegen sind, hineinströmen. Sie alle haben ein Band mit einem Ausweis um den Hals und werden von den Sicherheitskräften am Eingang kontrolliert. Hinter dem Zaun ist internationaler Boden, der will beschützt sein. Vor dem hohen Zaun befinden sich Menschen, die offenbar nicht die Mittel haben, sich schicke, geschweige denn teure Kleidung zu kaufen.

Mein Blick fällt auf einen riesigen Stuhl mit nur drei Beinen gegenüber dem Eingang. Der *Broken Chair* soll der internationalen Gemeinschaft ein Mahnmal sein, in Zukunft auf Streubomben und Landminen zu verzichten. Konflikte in der ganzen Welt sorgen seit jeher für viel Leid. Dies mit eigenen Augen auf einem Schlachtfeld des Krieges in Italien zu sehen, ließ einen Genfer Kaufmannssohn nicht mehr los. Jean Henry Dunant schrieb ein Buch über seine Erlebnisse an jenem Tag 1859 in Solferino, als 40 000 Soldaten den Tod fanden oder verletzt auf dem Schlachtfeld zurückblieben. Er entwickelte eine Vision: bessere Versorgung und der neutrale Schutz aller Verwundeten in bewaffneten Konflikten. Dunants Engagement für seine Idee gipfelte 1864 bei einer diplomatischen Konferenz in Genf im „Abkommen zur Verbesserung des Loses der Verwundeten auf dem Feld“ und in der Gründung des Roten Kreuzes. Heidi hatte zu diesem Thema mal flapsig gesagt: „Hast du denn noch nie bemerkt, dass das Zeichen des roten Kreuzes die Umkehrung der Schweizer Fahne ist?!“ Tatsächlich geht die Wahl des Symbols darauf zurück, dass die Gründerväter Schweizer waren und als Anlehnung an die Neutralität. Dass der Hauptsitz des Roten Kreuzes in Genf ist, ist nur logisch.

Während ich so meinen Gedanken nachhänge, spaziere ich durch den Park, der sich zwischen Genfersee und dem Gebäudekomplex der Vereinten Nationen erstreckt. Doch so langsam zieht es mich in die Stadt. Dominiks Termin neigt sich dem Ende zu, und ich möchte die Zeit nutzen, um noch ein paar Eindrücke zu sammeln. Ich habe keine Ahnung, wie weit ich eigentlich von der Innenstadt weg bin. Oder von wo aus ein Bus fährt. Und so steuere ich mit etwas beschleunigtem Schritt die Seepromenade an, von dort aus sollte ich die City wieder sehen können und zumindest wissen, in welche Richtung ich laufen muss. Das Türkis des Wassers strahlt mit dem Blau des Himmels um die Wette. Es freut mich für die Jogger, die den sonnigen Vormittag in dieser Parkanlage für ihre Runde nutzen können. Die alten Bäume spenden Schatten, die Wiesen sind sattgrün, immer wieder unterbrochen durch Blumenbeete, die mal einer Ordnung folgen und mal einfach nur kunterbunt gestaltet sind. Von hier aus ist gut zu erkennen, dass Genf in der Bucht liegt, in der die Rhône den See verlässt.

Nicht nur optisch trennt der Fluss die Stadt in zwei Hälften. Alle internationalen Organisationen liegen am rechten Ufer der Rhône, so haben sich auch die meisten Mitarbeiter ihre Wohnungen und Häuser auf dieser Seite gesucht. Passend, dass sich auf dieser Seite auch die meisten großen Hotels und Restaurants befinden. Die „alten Genfer" hingegen, so heißt es, wohnen eher am linken Seeufer. Dort thront die Altstadt, und wer shoppen gehen möchte, wird dort ebenfalls fündig. Warum Bus fahren, wenn man auch ein *Mouette*, ein Wassertaxi nehmen kann? Die Aussicht über die Bucht und die ringsum aufragenden Hügel fesselt meinen Blick, und schon steuert das Boot das andere Seeufer an.

Ich steige diverse Stufen hinauf, die Altstadt befindet sich erhöht über dem Rest der Stadt. Dadurch ließ sie sich bei Angriffen gut verteidigen und wurde nie zerstört. So ist der alte Stadtkern gut erhalten und lockt die Besucher in eine andere Zeit. Auch einige Kunststudenten wollen sich dieses Ambiente zunutze machen. Es wird fotografiert, gezeichnet, gemalt, posiert in diesen schmalen Gässchen.

Auf meinem ziellosen Weg durch die Sträßchen stoße ich auf die Ehrfurcht gebietende Cathédrale Saint-Pierre. Die vielen anderen Touristen füllen den Platz vor der Kathedrale und verscheuchen mich mit ihrem lauten Gequatsche. Irgendwie passt Lärm nicht zu der Stimmung, die das Genfer Altstädtchen erzeugt.

Auf dem Place du Bourg-de-Four, der als der älteste Platz der ganzen Stadt gilt, setze mich in eines der vielen Cafés. Es ist erstaunlich, wie dieser Ort mit den vielen Tischen vor Lebendigkeit sprühen und zugleich so gemütlich wirken kann. Nur die Bestellung meines Getränks bereitet mir etwas Sorgen. Anscheinend habe ich mir das einzige Café ausgesucht, das seine Speisekarte nur auf Französisch anbietet. Eigentlich hatte ich überlegt, auch etwas zu essen. Aber nun warte ich doch lieber, bis Dominik von seinem Termin kommt und wir uns ein Restaurant suchen. Zumindest einen *café au lait* kann ich mir bestellen. Beim *eau mineral* stoße ich bei der Aussprache schon an meine Grenzen. Ein Kellner, schätzungsweise in meinem Alter, begrüßt mich freundlich *„Bonjour! Est-ce que le temps n'est pas manifique aujourd'hui? Qu'est ce que vous souhaitez?"* Herrje, das war aber mehr als „Guten Tag". Ich krame tief im Gedächtnis nach den wenigen Brocken Schulfranzösisch und stottere: *„Un café au lait et de l'eau minéral, s'il vous plait."* Inständig hoffe ich, dass ich mich nicht bis auf die Knochen blamiert habe. Er lächelt weiter, und ich denke schon, er geht und ich habe diese Hürde überstanden. Da spricht er plötzlich in schnellen Worten weiter *„Quelque chose d'autre? Un gâteau, peut-être?"* „Sorry, ich verstehe Sie leider nicht." O Mann! Es hatte so gut begonnen ... Er deutet mit einem spitzbübischen Lächeln auf den Nebentisch, wo eine ältere Dame gerade genüsslich ihren Kuchen isst. „Non, merci." *„Très bien, je vous les apporte tout de suite."* Er strahlt mich nochmal an und verschwindet.

Mit einer angedeuteten Verbeugung serviert er wenig später meine Getränke *„Voilà, Madame."* Jetzt zwinkert er auch noch. Ist er einfach nur nett oder macht er sich einen Heidenspaß daraus, die Leute stur auf Französisch zu bedienen, damit sie sich blöd vorkommen? Zum Glück kann ich beim Bezahlen auf die Rechnung schauen und muss nicht seine Worte verstehen. Denn eins ist klar, er wird weiterhin Französisch mit mir sprechen. Wie zum Beweis verabschiedet er sich mit seinem strahlenden Lächeln: *„Merci beaucoup et je vous souhaite une très agréable journée! Au revoir.“* Ein „Au revoir“ kriege ich gerade noch raus.

Die Stadt verzaubert mich. Diese Mischung aus Moderne, ganz alten Häusern, Balkonen mit gusseisernen Geländern, die mich an Paris erinnern, die Blumen, der Fluss und der See. All das hat Charme. Und dass ich kein Wort um mich herum verstehe, verstärkt nur das Gefühl von Urlaub. Unglaublich, dass ich immer noch in der Schweiz bin!

Während ich langsam durch die Stadt schlendere, fällt mir auf, wie schick die meisten Leute gekleidet sind. Bei vielen würden mir auch Begriffe wie „hochwertig“ und „teuer“ in den Sinn kommen. Gleiches gilt für die Frisuren. In lässigem Jeansrock, Shirt und Zopf fühle ich mich etwas underdressed. Hier herrscht ein ganz anderes Multikulti als man es von Städten wie Berlin kennt. Hier bewegen sich Diplomaten, Geschäftsleute und Reisende, die es sich leisten können, hier zu sein.

Ein Stück mit der Straßenbahn, und ich befinde mich erneut in einer anderen Welt. „Zauberhaft“, flüstere ich vor mich hin. *Carouge*, ein kleines Stadtviertel, das einen plötzlich nach Italien versetzt. Kleine, bunt gestrichene Häuser mit andersfarbigen Fensterläden. An jedem Fenster Blumenkästen, hübsche kleine Geschäfte, alles strahlt Süden und Gelassenheit aus. Auf dem Platz vor der weißen Kirche sitzen die Menschen im Schatten der Bäume und plaudern oder hängen einfach ihren Gedanken nach. Dominik müsste bald kommen.

„Hey, lass uns direkt ein Eis holen! Hier soll es das beste

der Stadt geben!“ Dominik zieht mich in eine der kleinen Straßen, die ich eben erkundet habe. Schlemmend spazieren wir ein wenig durch das Viertel. „Philippe hat es sich nicht nehmen lassen, mich zu fahren. Er meinte, ich müsse so schnell wie möglich hierher.“ „Warum denn?“ Ich schaue Dominik verwundert an. „Er meinte, dass es unverantwortlich sei, dich hier alleine in Carouge rumlaufen zu lassen.“ „Ich verstehe nicht, es ist doch traumhaft hier.“ Dominik lacht. „Na, weil es das Italiener-Viertel ist und die nicht lange fackeln, wenn es darum geht, einer schönen Frau den Hof zu machen.“ Lachend schüttele ich den Kopf. Und lasse den Tag Revue passieren. Welche Gene nun in den Genfern steckten, vermag ich nicht zu sagen. Allerdings: So oft angesehen und angelächelt wie hier, wurde ich zuvor tatsächlich schon länger nicht. Vielleicht liegt es auch nur am schönen Wetter.

Eine der Hauptsehenswürdigkeiten der Stadt sehen wir uns aus der Nähe an: der 140 Meter hohe *Jet d'eau,* die Wasserfontäne am Rande des Genfersees. Über einen schmalen Steinsteg gehen wir ganz nah heran und bewundern das Farbenspiel des Sonnenlichts im vom Wind verwehten Strahl der Fontäne. Ab und an sorgen einige Tropfen für Abkühlung. „Das ist schon schön, aber warum der Wasserstrahl als das Wahrzeichen der Stadt gilt, kann ich nicht ganz nachvollziehen.“ „Aber für ein paar Fotos unterm Regenbogen war das arme Ding gut genug, was?“ Dominik zwinkert mir zu. „Schon gut, schon gut. Du findest es doch vor allem wegen der Technik dahinter so toll.“ „Immerhin ballern die hier 500 Liter Seewasser pro Sekunde in die Luft. Da muss eine anständige Pumpe drunter sein.“

„Und was machen wir jetzt? Sollen wir uns noch die Wand der Reformatoren angucken?“ Nicht sehr subtil der Themenwechsel, aber erfolgreich. „Das Reformationsdenkmal ist in einem großen Park in der Nähe der Altstadt, oder?“

Wir studieren noch mal den Stadtplan. Die vielen Grünflächen sind ein Beleg für den Namen „Stadt der Parks", zwanzig Prozent Genfs sollen aus Grünanlagen bestehen. „Was hältst du von Essen gehen und dann die Rückfahrt antreten?" „Guter Plan. Zu Fuß zurück in die City?" Das bestens ausgebaute Netz des Öffentlichen Nahverkehrs habe ich heute ja schon in allen Variationen getestet.

Wenige Tage nach unserm Ausflug nach Genf beginnt das Studium. Genauer: heute!

Durch die Kooperation von vier Fachhochschulen führen mich die Modultage dieses Semesters nach Luzern und St. Gallen. Während ich im Zug nach Luzern sitze, wächst die Aufregung: Hoffentlich finde ich schnell Anschluss, und ob ich mit dem Leistungsniveau zurechtkomme? Es ist schließlich die Schweiz, und ich habe keine Ahnung, was mich erwartet. Dass es für die Zulassung auf das Gymnasium, um die *Matura* zu machen, sogar Aufnahmeprüfungen gibt, trägt nicht zu meiner Entspannung bei.

Das Erste, was ich jedoch bemerke, ist eher eine Herausforderung, die nicht an klassische Leistungsanforderungen gebunden ist: die Sprache. Ein Lächeln schleicht sich auf meine Lippen, als ich daran denke, dass die Kinder in der deutschsprachigen Schweiz zunächst ihren Dialekt lernen und erst mit dem ersten Tag in der *Primarschule* Hochdeutsch zur Pflicht wird. Letztlich ist es für sie wie eine Art Fremdsprache. Und mir geht es nun ähnlich, nur umgekehrt. Da die Unterrichtssprache Schriftdeutsch ist, kann ich mühelos folgen. Dafür ist jedes private Gespräch eine kleine Herausforderung, und ich muss mich ausgesprochen konzentrieren. Denn natürlich werden sie im Dialekt geführt. Da die Studierenden aus der ganzen Schweiz kommen, erlebe ich die volle Vielfalt an Variationen, ohne sie auch nur im Ansatz zuordnen zu können. Passend dazu macht gerade ein Lied des Künstlers Bligg die Runde: „MundArt“. Er imitiert die verschiedenen Dialekte, so dass ich darüber vielleicht etwas schlauer werden könnte – wenn ich es denn verstünde. Er greift in seinen Texten zudem die kleinen Zankereien auf, besingt einige der typischen Vorurteile der jeweiligen Regionen. Der Refrain:

Eusi Mundart esch vielfältig, mängs Chende esch öberwältigt,
s Sprochagebot i eusem Land esch gross, grächnet im Verhältnis
Eusi Mundart esch wie du, eusi Mundart esch wienich.
Eine för all, all för eine, wel am Änd send mer all gliich

Was übersetzt ungefähr so klingt:

Unsere Mundart ist vielfältig, manch ein Kind ist überwältigt.
Das Sprachangebot in unserem Land ist groß, gerechnet im Verhältnis.
Unsere Mundart ist wie du, unsere Mundart ist wie ich,
Einer für alle, alle für einen, weil am Ende sind wir alle gleich.

Sicher sind am Ende alle Schweizer, ungeachtet dessen fordern mich die vielfältige Mundarten, welche Region auch jeweils dahinter stecken mag. Ganz anders bei den Deutschen – natürlich. In jedem Modul treffe ich mindestens eine weitere Person aus dem „großen Kanton“. Manches Mal sind wir auch zu dritt. Studierende aus anderen Nationen treffe ich im ersten Semester nicht, was wohl am Fachgebiet liegt. Denn schweizweit macht der Ausländeranteil ein Viertel der Studierenden aus.

Neu für mich ist, dass die wenigsten der Studierenden ins Hochdeutsche wechseln, wenn sie mit mir sprechen. Anscheinend gehen sie davon aus, dass ich Dialekt verstehe, wenn ich hier lebe und studiere. Eine Studienkollegin sagte frei heraus: *„Ich kännse so vill Dütschi und han mer agwöhnt Hochdütsch z'rede. Wenn du nur oft gnueg Dialäkt ghörsch, wirsches auch schnäller lerne. Frög mi eifach, wännd mi nöd verstahsch, ok?"* Okay. Andere fragen, wie lange ich schon in der Schweiz lebe und ob ich sie verstehe. Meine Antwort fällt meist etwas ausweichend aus: dass ich es versuche. Denn für mich ist es das Mindeste an Integration, dass die Leute (endlich) mit mir reden können, wie ihnen der Schnabel gewachsen ist. Wird Zeit! So fordern die Tage *an der Schule*, wie man hier sagt, meine volle Aufmerksamkeit.

Dass es möglich ist, als Deutsche einen Schweizer Dialekt zu sprechen, hielt ich bis *anhin* für unmöglich. Bis ich Elena kennenlerne. Sofort halte ich sie für eine Einheimische. In einer Pause erzählt sie dann, sie sei gebürtige Deutsche. „Als ich elf Jahre alt war, zogen meine Eltern hierher nach Luzern. Und es war eine echt harte Zeit. Ich ging auf die *Primarschule* und bin richtig schlimm gehänselt worden. Das reinste Mobbing, nur weil ich Deutsche bin. Mieses Gefühl, in einem neuen Land zu sein und keiner kann einen leiden." „Und wie hast du es geschafft, dass du heute so gut Dialekt sprichst?" Sicherlich kann man neue Sprachen lernen, aber Dialekte, die wenige Kilometer weiter wieder anders gesprochen werden? Ich stelle es mir fast unmöglich oder zumindest sehr *mühsam* vor. Wobei es durchaus Sprachkurse für Schweizerdeutsch gibt. Es heißt aber, dass die Deutschen sich extrem schwer tun, weil die Sprachen sich letztlich zu ähnlich sind. Außerdem höre und lese ich immer wieder, dass die Schweizer sich schnell veräppelt fühlen oder das Gefühl haben, „wir" machen uns über ihre Sprache lustig, wenn wir es versuchen ...

„Es war reiner Selbstschutz", fährt Elena fort. „Als ich auf die *Kanti* kam ..." „Was ist das?", unterbreche ich sie etwas zu schnell. „Das ist die Kantonsschule, also das Gymnasium.

Dort habe ich zum Glück schnell eine echte *Kollegin* gefunden." Sie schaut mich an: „Du weißt, dass wir zu Freunden hier *Kolleg* sagen?" Ich nicke, und sie fährt fort: „Sie hat mir dabei geholfen, Schweizerdeutsch zu lernen. Ich habe es immer wieder probiert, ständig wurde ich ausgelacht, aber es wurde mit der Zeit besser. Dank ihr, sie wurde nicht müde, mich auf Fehler hinzuweisen. Wobei sie sich natürlich auch köstlich darüber amüsiert hat, was das *Dütsche Meitli* für Wörter produziert. Es war eine schwere Zeit, aber inzwischen werde ich meistens für eine ‚echte' Schweizerin gehalten." Dem Wort echt verleiht sie mit den Händen *Anführungs- und Schlusszeichen.*

Viktoria wendet sich an mich „Keine Sorge, lerne lieber erst die kulturellen Besonderheiten. Die Sprache verstehen solltest du natürlich bald, aber sprechen, das muss meiner Meinung nach nicht sein." „Das hört sich dann meistens wie eine Mischung aus Schweizerdeutsch, Schriftdeutsch und Holländisch an", ergänzt Viktoria lachend. Carmen stimmt ihr zu: „Das klingt oft sehr seltsam, wenn Deutsche das probieren. Aber vielleicht kommt das mit der Zeit, wenn ihr lange hier lebt."

Oktober

SCHON NACH DREI WOCHEN AN DER FH steht der erste Leistungsnachweis an, ein Teil davon ist eine Präsentation. Viktoria und ich haben uns offenbar gesucht und gefunden. Bereits am ersten Modultag hatten wir beschlossen, diese erste Hürde gemeinsam zu nehmen, und wir erwiesen uns als gutes Team.

Nach unserer Prüfung sitzen wir in der Sonne bei einem Kaffee und genießen die Mittagspause. „Was meinst du, hast du Lust, mit mir zusammen zur OLMA zu gehen?“, fragt Viktoria. „Was ist das denn?“ „Schweizer Kultur!“ Sie grinst mich fröhlich an. „Das ist eine Landwirtschaftsmesse, und dazu gibt es einen netten Jahrmarkt. Das wäre doch ein schönes Programm, um ein weiteres Stück deiner neuen Heimat kennenzulernen, oder?“ „Das wäre super, vielen Dank für dein Angebot!“ Wir schauen nach einem Termin und plaudern noch ein wenig.

Und ich bin begeistert! Eine waschechte Schweizerin lädt mich – eine Deutsche! – ein, mit ihr etwas zu unternehmen! Ich könnte jubeln vor Freude. Wobei, vielleicht sind auch die deutschen Wurzeln mitverantwortlich? Viktorias Oma ist Deutsche, und durch ihre *Grosi* spricht sie so glasklares Hochdeutsch, dass viele, die sie bislang nur an meiner Seite erlebten, sie ebenfalls für eine *Dütschi* halten. Mit mir spricht sie nämlich nie Dialekt, sie meint, irgendwie geht das nicht, wenn sie sich einmal daran gewöhnt habe. Es ist für mich immer wieder faszinierend, wie sie es schafft, innerhalb eines Satzes zu wechseln. Wenn wir zu viert zusammensitzen und reden, spricht sie mit mir Hochdeutsch, wendet sich jemand anderem zu und gebraucht den Dialekt.

Beeindruckend! Mir kommt es ganz komisch vor, wenn Viktoria plötzlich anders redet. Schweizerdeutsch klingt irgendwie weicher, wirkt auf mich sympathisch und freundlich – wenn man das so sagen darf. Und dass Hochdeutsch förmlich hart *tönen* kann, entdecke ich erst jetzt. Wenn ich den ganzen Tag über Dialekt höre, fallen mir die Hochdeutschsprechenden besonders auf – und diese Stimmen aus dem nördlichen Nachbarland hört man wirklich überall.

Wenige Tage später treffe ich Stefanie in der Waschküche: „Hoi, wie geht's? Dein Studium hat jetzt angefangen, oder?" Ich erzähle ihr ein wenig von meinem Start und wir plaudern noch über dies und das, als sie plötzlich sagt: „Ach, habt ihr nicht Lust mal zu uns zum Abendessen zu kommen? Das wollten wir euch längst mal fragen." „Total gerne! Wie schön, danke für die Einladung!" Meine Freude steht mir ins Gesicht geschrieben. „Mögt ihr Raclette? Wir würden es ganz schweizerisch machen. Was meinst du?" Zum Raclette essen bei Einheimischen, wir wären schön blöd, uns das entgehen zu lassen. „Ich komme dann einfach mal mit der Agenda bei euch klingeln, okay?" Stefanie verabschiedet sich, und ich kann es kaum abwarten, Dominik davon zu erzählen. Was ist plötzlich los? Das ist ja der Knaller! Schon die zweite Einladung und dieses Mal sogar zu den Leuten nach Hause! Was man wohl so mitbringt?

Zur Verabredung mit Viktoria fahre ich, wie üblich, mit dem Zug. Es ist *mega lässig*, dass die größeren Städte fast alle auf direktem Weg von Züri zu erreichen sind.

St. Gallen gilt als kulturelles und wirtschaftliches Zentrum der Ostschweiz. Der gleichnamige Kanton grenzt im Norden an den Bodensee, im Osten an Österreich und das Fürstentum Liechtenstein und umschließt die Halbkantone Appenzell Innerrhoden und Ausserrhoden. Immer wieder schaue ich aus dem Fenster. Wenn ich auch durch die Bahnfahrten zur FH inzwischen die Gegend kenne, wäre es doch die reinste Verschwendung, den Blick nicht schweifen zu lassen. Grüne Hügel, Wald, Wiesen, kleine Ortschaften, grasende Kühe und in der Ferne die bereits schneebepuderten Gipfel des Alpsteinmassivs mit dem Säntis.

Auf rund 700 Metern ist St. Gallen gelegen, die umliegenden Hügel sind manches Mal schon beschneit, wenn über Zürich noch der Regen niedergeht. In der alten Stadt, deren Anfänge auf den Beginn des 7. Jahrhunderts datiert werden, leben etwa 70 000 Einwohner. Viktoria nimmt mich am Hauptbahnhof in Empfang, und wir fahren mit dem Bus weiter zum Messegelände. Die OLMA ist eine Schweizer Messe für Landwirtschaft und Ernährung, die seit 1943 jährlich stattfindet. Zunächst steuern wir die Halle mit den Rindviechern an. Uns erwartet ein etwas befremdliches Bild: Damit die vielen Besucher der Messe sie betrachten können, steht eine Kuh hier neben der anderen angebunden. Und zwar mit dem Hinterteil zum schmalen Durchgang hin. Ich kann beobachten, wie eine Menge Leute dafür sorgen, dass die Kühe regelmäßig Wasser kriegen, dass das Heu mit ihrem stinkenden Fladen beseitigt wird und dass sie rechtzeitig gemolken werden. Die vollautomatischen Melkmaschinen darf man dann direkt in Action bewundern. Außerdem gibt's sowohl süße kleine Ferkelchen als auch imposante Ochsen zu sehen.

„Jööö, so herzig!", ruft Viktoria aus „Die Halle mag ich, die Tiere sind so süß! Draußen gibt es dann auch noch Schafe und ein Ferkelchen-Rennen. Vorher werden Wetten abgeschlossen, welches kleine *Säuli* am schnellsten läuft." Verzückt schießt Viktoria einige Fotos. „Hier werden auch Rinder verkauft, weißt du was so ein Braunvieh kostet?" „Keine Ahnung." Ich schaue auf das gepflegte braune Fell der Kühe, habe jedoch nicht den leisesten Schimmer. „Im Schnitt

legt ein Bauer für ein Braunvieh so um die 3500 *Stutz* auf den Tisch." Das ist eine ordentliche Summe. „Was sagtest du statt Franken?" Den Ausdruck habe ich schon mal irgendwo gehört, mir aber noch nicht eingeprägt. „Umgangssprachlich kann man *Stutz* statt Franken sagen", klärt mich Viktoria auf.

In den nächsten Hallen gibt es alles, was das Herz begehrt. Käse, Wurst, Schokolade und viele einheimische Köstlichkeiten mehr werden zum Probieren dargeboten. Es gibt Honig zu kaufen, man kann einen Hörtest machen und sich direkt das passende Hörgerät andrehen lassen, darüber hinaus wird man rund um Heim und Garten beraten und kann z. B. einen Rasenmäher gleich mitnehmen.

„Und wo ist es wieder am vollsten? In der Alkohol-Halle!" Viktoria lacht über ihr Wortspiel und deutet auf die Menschentraube vor dem Eingang der nächsten Halle. Dort stehen und sitzen überall Menschen auf den Treppen mit Gläsern oder auch Flaschen Wein in den Händen, andere mit Bier, alle mit fröhlichen Gesichtern und geröteten Wangen. „Komm, wir holen uns auch was Leckeres!" Sie nimmt die Treppe ins Visier und schlängelt sich durch die Leute. „Und man kann da drinnen alles umsonst trinken?" Ich schaue mich erstaunt um. „Ja, viele Weinhändler und Brauereien bieten ihre Getränke zur Degustation an. Wusstest du, dass wir sogar eine Gesellschaft der Biervielfalt haben?" „Nein, dass nun wirklich nicht. Aber mir ist schon aufgefallen, dass es viele Sorten Bier gibt – für die Größe des Landes." „Na, na, nur weil ihr Deutschen die Weltmeister im Biertrinken seid, heißt das ja nicht, dass die Schweizer es nicht gern haben. Immerhin *hat es* über 400 offizielle Brauereien!" „Na, dann mal los! Sehen wir zu, dass wir was zu trinken kriegen."

Wir drängeln uns in die Halle, und sofort schlägt uns eine Wand aus Lärm und Hitze entgegen. An ein zielgerichtetes Fortkommen ist hier nicht zu denken. Es wird geschoben und gedrängt, und wir schaffen es kaum zusammenzubleiben. Das ist kein Messebesuch, das gleicht einem übervollen Konzert. „Wäre es okay, wenn wir versuchen, hier wieder rauszukommen?“ Viktoria lächelt gequält. „Gerne!“, rufe ich ihr hinterher, als wir schon wieder auseinander geschoben werden.

Es dauert eine Weile, bis wir wieder draußen sind und erleichtert aufatmen können. „Tja, Alkohol umsonst!“ Viktoria zuckt mit den Schultern. „Tut mir leid.“ „Ach was, da kannst du doch nichts dafür. Sollen wir alternativ eine Kleinigkeit essen?“ „Ja, gute Idee. Und ich weiß auch schon, was! Komm mit, ich lade dich auf eine *OLMA-Bratwurst* ein. Die ist ein Muss, wenn man hier ist.“ An einem großen Stand auf dem Innenplatz drückt sie mir eine lecker duftende Grillwurst und ein dickes Brötchen in die Hand, das eher aussieht wie die kleine Schwester vom Graubrot. „Das ist das *St. Galler Bürli*, nur so ist es richtig. *En guete!*“ „Hmm, die ist sehr fein!“ Kauend laufen wir auf die Halle mit den Kühen zu „Öhm, vielleicht essen wir lieber draußen?“ Viktoria versteht sofort und kichert in ihr Brötchen. „Stimmt, süße Kühe bestaunen, während man eine Kalbswurst isst, ist irgendwie nicht so nett.“

Der anschließende Jahrmarktbesuch erinnert mich zunächst an eine kleinere deutsche Kirmes. Fahrgeschäfte, Stände mit grellbuntem Spielzeug, Schmuck, Mützen, Süßigkeiten und vieles mehr. „Kennst du *Magenbrot?*“ Ich schüttele den Kopf, das klingt seltsam. „Okay, ich hole uns eine Tüte. Das gehört zum Jahrmarkt wie die Wurst zur OLMA.“ Schon steht Viktoria an einer in Rosa gehaltenen Bude. „Hier, Nachtisch!“ Sie hält mir die ebenso rosafarbene Tüte hin. Der Inhalt ist dunkelbraun, flach und rautenförmig geschnitten. Erinnert mich ein wenig an Lebkuchen, nur weicher. „Warum heißt das denn Magenbrot?“ „Die Gewürze darin sollen gut für den Magen sein." Es ist sehr süß, ich glaube Anis und Zimt zu schmecken.

„Komisch, dass man von St. Gallen vor allem die Universität und das St. Galler Management-Modell kennt. Es ist wirklich schön hier." Die alten Häuser mit ihren kunstvoll verzierten, bemalten oder auch aus Holz geschnitzten Erkern erzählen von der Vergangenheit der Stadt. „Komm, ich zeige dir noch eine berühmte Sehenswürdigkeit."

Nach wenigen Schritten deutet Viktoria auf das Wahrzeichen St. Gallens: eine barocke Kirche mit 65 Meter hohen Doppeltürmen an der Ostfassade. „Das ist die Stiftskirche, ein UNESCO-Weltkulturerbe." Noch viel beeindruckender erscheint mir allerdings die Stiftsbibliothek, die zu den ältesten und schönsten Bibliotheken der Welt gehören soll. Sie umfasst rund 170 000 Bücher, über 400 Bände davon sind sogar über tausend Jahre alt. Diese Bibliothek nahm ihren Anfang im 8. Jahrhundert als Schriftensammlung des Klosters.

„Möchtest du den Barocksaal sehen?" „Na klar, wenn wir schon mal hier sind!" Kaum eingetreten komme ich aus dem Staunen kaum heraus: „Da sage noch mal einer, Bibliotheken seien langweilig." „Schön, nicht?" Wir stehen in dem edlen Büchersaal, den Kopf im Nacken, um die Höhe des Raums und die kunstvolle Decke zu erfassen, die verziert ist mit Malerei und Stuck. Prunkvoll und schlicht zugleich wirkt dieser Mitte des 18. Jahrhunderts entstandene Raum. Geländer, Regale und Schränke, alles ist aus Holz und strahlt durch die warme Farbe Gemütlichkeit aus, obwohl der Barocksaal nicht ohne Grund Saal heißt. Auf halber Höhe schwingt sich an den Seiten in runden Formen eine Galerie entlang. Wir gehen die Stufen hinauf, erhaschen einen kleinen Eindruck der vielfältigen Bücher und lassen den Raum nochmals aus dieser erhöhten Perspektive auf uns wirken.

Auf dem Rückweg zur Bahn kommen wir auf das immer wiederkehrende Thema Deutsche in der Schweiz zu sprechen. „Du hattest mal gesagt, dass Deutsche sich lieber der Kultur anpassen sollten, statt die Sprache zu erlernen. Was genau meinst du denn eigentlich damit?" Viktoria schmunzelt „Keine Sorge, du bist für mich keine typische Deutsche." „Ach nein?" Jetzt lacht sie. „Ja, und das ist durchaus ein Kompliment." Etwas verlegen hake ich nach. „Was wäre denn aus deiner Sicht typisch deutsch?" Sie schaut kurz in den blauen Himmel, während sie nachdenkt. „Es ist irgendwie ein geflügelter Begriff, und wenn man sich mit Leuten unterhält, fällt schon mal so was wie ‚Ach ja, die Deutschen wieder' oder ‚Typisch, ist ja auch ein Deutscher'. Damit ist zum Beispiel gemeint, dass ihr so laut und direkt seid. Und glaubt, alles besser zu wissen und euch so arrogant benehmt." „Also die klassischen Vorurteile? So, wie man den Schweizern nachsagt, die reden alle so langsam?" Zum Glück weiß ich, dass ich mit ihr so offen sprechen kann. „Das tun die Berner ja wirklich!", kichert Viktoria.

„Mal im Ernst, man trifft leider immer wieder auf Deutsche, die mit ihrer direkten Art die Höflichkeiten der Schweizer einfach niedertrampeln. Das hat niemand gern. Das meine ich mit Kultur. Wir in der Schweiz sind eher zurückhaltend und diplomatisch. Mancher würde sagen, wir sind konfliktscheu. Aber ich erlebe das selten als Nachteil." Sie bestätigt damit, was ich bisher gehört und gelesen habe. „Und sonst so?" „Ein klassisches Beispiel, das du sicher schon erlebt hast, ist die Situation in einem Geschäft. Hier ist es üblich, sich erst einmal einen guten Tag zu wünschen und dann sowas zu sagen, wie: ‚Ich hätte gerne XY.' Deutsche sagen: ‚Zweimal von dem Kuchen da.' – Das geht gar nicht." Zur Untermalung ihrer Aussage rümpft Viktoria die Nase. „Oder dieses ‚Bei uns ist das so und so', wenn das auch noch bedeuten soll, dass bei *euch* etwas besser ist ..." Viktoria guckt angesäuert, spricht aber freundlich weiter. „Du lebst jetzt hier, versuche das zu vermeiden – das nervt Schweizer sehr."

„Würdest du mir einen Gefallen tun?" Viktoria sieht mich neugierig an und nickt. „Bitte verrate mir, wenn ich in ein Fettnäpfchen trete oder mit vielleicht typisch deutschem Verhalten negativ auffalle. Von alleine weiß ich das ja nicht." „Als Schweizerin würde ich dich eigentlich nie direkt kritisieren. Es ist eben eher ein interessantes Bild, statt ein hässliches – wo wir gerade bei Schweizer Kultur waren. Aber ich versuche es. Bisher habe ich noch nichts bemerkt, wo ich hätte eingreifen müssen." „Danke schön!" Da fällt mir noch etwas ein: „Wie schätzt du das ein, was soll ich zur Begrüßung und zum Abschied sagen, zum Beispiel in einem Geschäft? Ihr Eidgenossen macht es einem auch nicht immer leicht. Da heißt es, wenn Deutsche ein noch so bemühtes *Grüezi* sagen, dann sei dies nur peinlich. Sagen wir einfach Hallo und Tschüs, sind wir unsympathisch." Womöglich kann ich einen Hauch Unverständnis in meiner Miene nicht verbergen.

„Tja, leider ist es genau so." Viktoria hebt mitleidig die Schultern. „Zuerst noch was anderes: Eidgenossen ist ein kritischer Begriff. Ich weiß, das ist im Ausland geläufig, innerhalb der Schweiz wird dieser Begriff allerdings gerne von der rechten Szene genutzt." „Oh, krass!" Das hatte ich noch nie gehört. „Ja, da heißt es dann, wenn Leute sich einbürgern: Du kannst Schweizer sein, aber niemals Eidgenosse", erklärt Viktoria weiter. „Doch zurück zur Begrüßung: An ein Hallo haben sich viele Schweizer schon fast gewöhnt. Das würde ich aber eher bei Bekannten anbringen, im Alltag fährst du mit einem Guten Tag sicherlich nicht schlecht. Du fällst eh sofort als Deutsche auf. Beim Abschied ist es eigentlich einfacher. Versuch dir das Tschüs abzugewöhnen. Das wirkt auf viele Schweizer zu persönlich und etwas ruppig. Besser ist ein *Adee*. Das kriegst du hin! Und immer dran denken: einen schönen Tag wünschen, dabei am besten die Leute mit Namen ansprechen, dann hast du schon einiges richtig gemacht."

„Wo wir gerade bei richtig machen sind. Wir sind bald bei unseren Nachbarn zum Abendessen eingeladen. Wie ist das in der Schweiz – bringt man was mit, eine Flasche Wein vielleicht? Oder was ist hier üblich?" Viktoria strahlt mich an: „Hey Glückwunsch zu der Einladung, das freut mich für euch! Bei guten Freunden muss man irgendwann nichts mehr mitbringen. Bei einer ersten Einladung empfiehlt es sich auf jeden Fall. Eine Flasche Wein finde ich zum Abendessen immer gut. Ich würde nur an eurer Stelle keinen deutschen wählen." Viktoria guckt halb belustigt, halb ernst. „Ah okay. Dann lieber einen italienischen Wein oder?"

Wir fachsimpeln noch laienhaft über alkoholische Mitbringsel, als wir den Bahnhof erreichen und uns verabschieden. „Hier, nimm das Magenbrot für Dominik mit! Dann lernt er es auch kennen." „Viktoria, herzlichen Dank für den tollen Tag!" „Wir können das gerne wiederholen! Das Wetter soll doch nächste Woche noch mal richtig warm werden. Was meinst du: wir könnten Elena und Carmen fragen, ob sie auch Lust haben, und dann gehen wir nach dem Unterricht *Pedalo* fahren!" „Wir könnten was?" „Ach. Ja. Wie sagt man dazu in Deutschland? Tretbootfahren!" „Hey, das ist eine super Idee! Auf dem Vierwaldstättersee, wie heißt es nochmal?" „*Pedalo* fahren und anschließend gibt es einen *Coupe*." Viktoria macht ein Gesicht, als steht sie kurz vorm Lachanfall. „Du meinst, ein Eis essen gehen?" „Ja, genau – spitze. Du weißt, dass Eis *Glace* heißt und du nie Sahne, sondern *Rahm* dazu bestellst?" „Ja, schon. Allerdings habe ich Glace am Anfang völlig falsch ausgesprochen." „Das wird schon! Ich freue mich auf nächste Woche! Komm gut nach Hause!"

Bei diesen Worten gibt es angedeutet Küsschen links, Küsschen rechts, Küsschen links. Auch das lehrte mich Viktoria, als wir uns zur Vorbereitung unserer Präsentation trafen. Die Begrüßungsgepflogenheiten sorgen bei mir noch für Irritationen. Mit unseren Nachbarinnen kam ich bisher noch nicht in die Verlegenheit, sie „richtig" begrüßen zu müssen, die anderen Kontakte waren entweder Deutsche aus dem Rheinland (Umarmung) oder noch so fremd, dass Hand geben angebracht war. Wenn man sich etwas besser kennt, der Kontakt privat ist und man sich mag, dann gibt es anscheinend Küsschen zur Begrüßung, aber so ganz habe ich den Dreh noch nicht raus, wann das nun richtig ist. Viel später erst werden einige engere Kontakte dazu übergehen, mich freundschaftlich zu umarmen.

Während der Heimfahrt lese ich im „Tagesanzeiger", dass die Firma Ricola ihren Werbespruch geändert hat. Fünfzehn Jahre lang immer wieder neu aufbereitet, kennt nun jeder die Antwort auf „Wer hat's erfunden?". Damit ist jetzt Schluss, die Frage geht weiter: *Was* haben die Schweizer in der Region Basel erfunden? Die Antwort: ein Bonbon mit *„Chrüterchraft"*! Dreizehn Buchstaben, die für die Kraft von dreizehn Alpenkräutern stehen und durch diese Schreibweise die Herkunft des Produktes unterstreichen.

Die ch-Laute sind eine heikle Sache. Ähnlich wie beim *Chuchichäschtli* (Küchenschränkchen) werden sich alle Nicht-Schweizer abmühen, sie so auszusprechen dass es eben nicht wie bei *„ich"* oder „Kü*ch*e klingt, sondern eher wie ein K anmutet, aber eben nicht wirklich. Das CH soll kratzend rau im Gaumen gesprochen werden – aber ob dies den Menschen der neu angestrebten Märkte wie USA und Japan gelingt? Es würde zumindest den weiteren Konsum des Bonbons fördern, wenn der Hals danach tatsächlich kratzt.

Der Ausspruch „Wer hat's erfunden" ist übrigens zu einem Sinnbild der Schweiz geworden und trifft damit mehr zu, als manch einer denkt. Das kleine Land gilt als eine der erfolgreichsten Erfindernationen überhaupt. In Genf findet sogar jährlich eine „Internationale Messe für Erfindungen" statt. In diesem Jahr waren mehr als 780 Aussteller dort und präsentierten Nützliches bis Skurriles. Nicht wenige Tüftler schafften es mit ihren Entwicklungen über die Landesgrenze hinaus zu Bekanntheit. Einige Errungenschaften sind heute kaum mehr aus dem Alltag wegzudenken: der Sparschäler für Gemüse, der Klettverschluss und die Alufolie oder auch Maggi. Zur Schweizer Erfindung des löslichen Nescafés passt der ebenso hier entworfene Würfelzucker. Darüber hinaus entdeckte ein Schweizer LSD, und das heute vielfach an Kinder mit ADHS-Diagnose verabreichte Ritalin fand seinen Ursprung in Basel. Weniger umstritten, aber nicht minder bekannt sind die berühmten Freitag-Taschen. Da hatten zwei Brüder den Wunsch nach einer robusten, wasserfesten Tasche und kamen auf die Idee, diese aus alten LKW-Planen zu fertigen.Heute ist daraus ein florierendes Unternehmen gewachsen, und in Zürich ist der Besuch des Ladens ein kleines Erlebnis: aufeinander gestapelte Frachtcontainer bilden den Turm, in dem Taschen aller Art und andere Dinge aus Recyclingmaterial gekauft werden können.

Wie passend, dass mir gerade heute an allen Ecken Schweizer Produkte ins Auge fallen. Aber so ist das eben mit der Wahrnehmung. Die OLMA hat mich wieder einmal mit der Nase darauf gestupst, dass die Schweizer sehr stolz auf ihre Produkte sind. Wo das rot-weiße Fähnchen drauf ist, muss was Gutes drin sein. Und es wird gerne mehr bezahlt, wenn dafür Gemüse, Milch, Fleisch und Co. aus heimischer Erzeugung stammen. Besonders Fleisch ist deutlich teurer als in den Nachbarländern, aber auch wir kaufen es gerne.

Inzwischen schlängele ich mich durch den Strom von Pendlern über den Zürcher Bahnhof. Erstaunlich, welch lange Anfahrtswege viele Schweizer zu ihren Arbeitsorten in Kauf nehmen. Eine Stunde Anreise ist da keine Ausnahme. Ganz plötzlich packt mich ein Gedanke: Wow, ich lebe hier! In der Schweiz! Inzwischen durchquere ich zielsicher den Zürcher Bahnhof ... Es ist seltsam, dass diese Erkenntnis häppchenweise kommt. In den vergangenen Monaten erschien es mir oft noch wie ein ausufernder Urlaub, wenn ich nicht gerade wegen des fehlenden Jobs Frust schob. Viel Zeit, eine Sprache, die man nicht recht versteht, eine andere Währung und dann die Ausflüge kreuz und quer durchs Land. Und so sickert nun das Gefühl dafür, hier zu leben, hinter dem Verstand hinterher.

Am *Bancomat* hole ich mir, nach der Eingabe meiner sechsstelligen Pin, etwas Bargeld und steuere danach noch die Post an. *„A- oder B-Post?“*, fragt die Dame am Schalter. Was war ich darüber beim ersten Mal verdutzt! Das Prinzip ist aber simpel: A-Post ist die schnelle Variante: am Folgetag ist der Brief beim Empfänger, auch an einem Samstag. B-Post ist etwas günstiger und langsamer, die Briefe werden samstags nicht ausgetragen. Praktische Sache, wie ich finde. Es gibt dafür keinen Unterschied im Preis zwischen Brief und Karte.

Das Wochenende naht, und Dominik und ich schmieden einen Plan: Wir möchten es den vielen Schweizern und Nicht-Schweizern hierzulande gleichtun und der Geschichte mit der Mehrwertsteuer auf den Grund gehen. Es heißt, dass sich vor allem samstags ein regelrechter Menschenstrom nach Deutschland ergießt, die Grenzgebiete überflutet und nach günstigen Einkaufsmöglichkeiten Ausschau hält. Laura, die deutsche Theologin, hatte mir erzählt, dass sie ihre Erledigungen regelmäßig auf diese Weise tätigt und dass deutsche Grenzorte wie Lörrach oder Konstanz von den Schweizern überrannt werden.

Den Tipp, möglichst vor Öffnung der Geschäfte hinzufahren, beherzigen wir. Denn danach sollen die Chancen auf einen Parkplatz massiv sinken. Noch etwas verschlafen, brechen wir am Samstagmorgen um acht Uhr Richtung Konstanz am Bodensee auf. Ich bin erfreut und etwas überrascht, wie schnell wir dort sind – wenig Verkehr, und schon nach knapp fünfzig Minuten haben wir den Wagen an der Bodensee-Arena geparkt. Im großen Einkaufszentrum gehen wir frühstücken. Wir können beobachten, wie sich das Café und die Flure in Windeseile füllen.

Auf dem Weg nach draußen kommen wir an einem Wechselautomaten vorbei, und auch die Kundeninformation bietet den Service, Schweizer Franken gegen Euro zu wechseln. Ganz im Sinne der Kundenfreundlichkeit ist es in den meisten Geschäften des Einkaufszentrums sogar möglich, direkt mit Schweizer Währung zu bezahlen. Und als wir die Straße Richtung Altstadt überquert haben, wissen wir auch, warum das so ist: Neunzig Prozent der Autos tragen ein Schweizer Kennzeichen. Nicht nur aus Zürich, nein, auch aus Luzern, Bern, St. Gallen und so weiter. Alle nehmen die Reise auf sich, um zu shoppen. Schließlich ist ja in Deutschland alles so „günstig" – wenn man Schweizer Preise gewohnt ist.

Wir bummeln durch die hübsche Altstadt von Konstanz, und ich stelle fest: „Für so eine kleine Stadt gibt es überraschend viele Geschäfte. Nicht nur im Riesen-Einkaufszentrum, auch hier in den Gassen gibt es ja alles. Und unzählige Optiker obendrauf!" „Tja, die Schweizer Nachbarn bringen Geld in die Grenzregion." Um uns herum erklingt die Vielfalt der Schweizer Dialekte. Und überall, wo man hinsieht: grüne Ausfuhrscheine. An jeder Kasse liegen diese Formulare bereit, die es den Kunden ermöglichen, sich die

Mehrwertsteuer erstatten zu lassen. Dies fördert den Einkaufstourismus zusätzlich. Beim Bezahlen wird ein grüner Zettel ausgefüllt, Quittung dran, Adresse und Passnummer drauf, und ab damit zum Zoll. Man muss die Ware dabeihaben, um sich beim deutschen Zoll einen Stempel als Beleg für die Ausfuhr zu holen. Beträge unter 300 Franken pro Person sind frei, man muss keine Mehrwertsteuer in der Schweiz zahlen. Wenn man für 500 Euro shoppt, muss man für den gesamten Betrag in der Schweiz acht Prozent Mehrwertsteuer zahlen. Die 19 Prozent bekommt man so oder so in Deutschland zurückerstattet.

Es wird schnell zum vertrauten Bild: Die einen nehmen den grünen Zettel beim Bezahlen entgegen, die anderen zeigen den Schein mit dem Zollstempel vor und lassen sich die in Deutschland gezahlte Mehrwertsteuer zurückerstatten. Wohnhaft in der Schweiz, also auch nur dort mehrwertsteuerpflichtig – feine Sache.

„Heidi hat mal erzählt, dass die Konstanzer ziemlich genervt sind von den Schweizern, die hier jeden Samstag die Stadt belagern.“ „Kann man angesichts des Verkehrschaos verstehen. Ich würde als Einheimischer auch die City meiden, bei den vielen Menschen und Staus auf den Straßen.“ „Und vor jedem Parkhaus.“ „Aber immerhin verdienen die sich hier eine goldene Nase. Die Schweizer bringen so viel Geld über die Grenze, die sollen sich mal nicht beschweren. Das wird ja nicht nur hier so sein, sondern in den anderen Grenzgebieten ebenso.“ Dominik grinst: „Ein Kollege hat mal einen Witz erzählt: Man sollte in Konstanz mittags um 12 Uhr die Schweizer Nationalhymne spielen. Dann würden alle Eidgenossen stramm stehen und die Konstanzer hätten auch mal kurz die Chance etwas einzukaufen.“ Ein Schmunzeln huscht auch mir über das Gesicht bei der Vorstellung. „Hat das ein Schweizer erzählt?“ Dominik nickt. „Dann geht's ja.“

Als wir uns auf der Rückfahrt der Autoschlange vor der Grenze nähern, bitte ich Dominik: „Fahr etwas langsamer!" Der Zoll macht mich jedes Mal nervös. Am Anfang sind wir recht unbedarft drüber gefahren, aber nach bereits zwei unerfreulichen Erlebnissen habe ich Respekt. Das eine Mal hatten wir den Wink des Beamten schlicht falsch verstanden. Wir dachten, er winkt uns durch, wir fuhren langsam weiter, und der Zollbeamte brüllte uns wie von der Tarantel gestochen hinterher „Sofort stehen bleiben!" Mir schlug das Herz bis zum Hals, obwohl wir nichts gemacht hatten. Plötzlich standen rechts und links neben den Türen des Wagens Männer in Uniform und verlangten unsere Papiere. Da alles okay war und das Auto offensichtlich leer, durften wir passieren. Was für eine Aufregung!

Das andere Mal hatten wir den Wagen voll mit Kram, weil wir vom Familienbesuch kamen. An der Seite, neben dem Zollhäuschen, stand bereits ein Wagen. Eine schwangere Frau war von außen an die Türe gelehnt, während die Beamten den Inhalt ihrer vielen Tüten im Kofferraum überprüften. Auch bei uns hieß es „Was haben Sie dabei? Etwas zu verzollen?" „Nur Reisegepäck", hatte Dominik geantwortet. Und in meinem Hirn ratterte es, ob wir womöglich etwas hätten angeben müssen. „Ihre Papiere bitte, und öffnen Sie den Kofferraum." Er kramte oberflächlich in den Sachen und wünschte uns dann eine gute Weiterfahrt.

Diese Stichproben finden nicht ständig statt, aber es kommt vor. Früher, als wir noch an der Grenze zu den Niederlanden und Belgien lebten, war es völlig normal, im Nachbarland mal etwas einzukaufen. Auch hier im Grenzgebiet gehört es für viele zur wöchentlichen Routine, da die Lebensmittel in Deutschland einfach günstiger sind. Man sollte nur die Freigrenzen beachten. Denn hier gibt es noch eine „reale" Grenze, so komisch einem das auch am Anfang erscheint. Einführen darf man pro Person zum Beispiel:

5 Liter Bier oder Wein, 250 Zigaretten, 1 kg Butter, 1 kg Frischfleisch und Fleisch-Zubereitungen. Überschreitet man diese Grenze, werden Zollgebühren fällig, so dass es am Ende teurer wird als ein Einkauf in der Schweiz.

November

Die spontane Idee, bei Victorinox nach Geschenken Ausschau zu halten, führt uns in den zentralschweizerischen Kanton Schwyz. Bevor wir uns jedoch in das Geschäft der Schneidwerkzeuge begeben, parken wir zunächst im gleichnamigen Ort Schwyz. Während der Fahrt kam uns nämlich die Idee, heute sei für mich endlich die ideale Gelegenheit gekommen, meine ersten *Vermicelles* zu probieren. Dominik kam schon einige Male in den Genuss, seine Kollegen hatten bereits im letzten Herbst dafür gesorgt, dass er dieses Dessert kennenlernte. Offenbar ein absolutes „Muss man kennen". Ich konnte mir den Namen der Süßspeise erst merken, nachdem ich ihn einmal gelesen hatte. Was man fast nicht vermeiden kann, sobald die ersten Esskastanien reif sind. Denn dann lacht einem *Vermicelles* von jeder Speisekarte und -tafel an.

Für November sind die Temperaturen angenehm, wenn auch nicht mehr warm, und es riecht herrlich würzig nach Herbst. Wir haben ein gemütliches, kleines Café entdeckt, einer der wenigen Tische auf der Terrasse ist noch frei, und wir schlagen uns die bereitgelegten Fleece-Decken um die Beine. Die Aussicht auf die Bäume, deren Blätter im Sonnenlicht in warmen Gelb-, Orange- und Rot-Tönen leuchten, erzeugt eine entspannte, friedvolle Stimmung.

Die *Serviertochter* stellt die *Vermicelles mit Meringue* (gesprochen: *MERäng)* vor uns auf den Tisch. Der Anblick erinnert mich unweigerlich an eine ordentliche Portion Spaghetti-Eis. Diese hier sind bräunlich, mit einem dicken Kleks *Schlagrahm*. Das zu langen Würmern gepresste Esskastanienpüree ist mit Butter und Zucker verfeinert und sehr süß. Erst nach einigen Löffeln stoße ich auf die *Meringue* (in Deutschland als Baiser bekannt), die sich unter der Maronispeise versteckt hat. Ein ungewohntes, feines Geschmackserlebnis, und ich schätze, diese Portion ersetzt nicht nur vom Sättigungspotenzial eine Hauptmahlzeit.

„Lass uns doch zu Fuß zu Victorinox gehen", Dominik tätschelt seinen Bauch. Gerne, auch wenn ich das Gefühl habe, mich kaum bewegen zu können, nach unserem „Snack".

Der Laden des weltweit bekannten Messerherstellers liegt in Ibach, das direkt an Schwyz grenzt, passenderweise auch noch in der Schmiedgasse. Auf unserem Spaziergang dorthin heftet sich mein Blick immer wieder auf das Bergmassiv, an dessen Fuß die Orte liegen. Der Grosse und Kleine Mythen erinnern in ihrer Form an Pyramiden und sind so eindrücklich, dass ich sie, wenn wir unterwegs sind und Fernsicht haben, sogar schon benennen kann.

Auf dem Grossen Mythen waren wir im Sommer, wenn ich daran denke, muss ich immer noch lächeln. Auf der Spitze angekommen, genossen wir das beeindruckende Panorama, als das unverwechselbar dröhnende Geräusch einer Ju-52 herannahte. 1981 wurden die alten Militärflugzeuge nach rund vierzig Jahren Betriebszeit von der Armee ausgemustert, und fortan sind sie für Zivilisten der Inbegriff nostalgischer Rundflüge. Wir kennen dieses silberne, dickbäuchige Flugzeug sehr gut, es startet nahe Zürich und brummt regelmäßig über unser Haus. Dabei erinnert mich „Tante Ju" an eine behäbige dicke Hummel, die schwerfällig und laut durch die Lüfte grollt.

Als sie den Gipfel umrundete und die Insassen durch die Fenster den Wanderern zuwinkten, rannte auch der Hüttenwart heraus. Er strahlte über das ganze Gesicht, während er mit seiner rot-weißen Schürze mit ausladenden Gesten der Ju zum Gruß zuwedelte.

Das Ladenlokal von Victorinox überrascht mich, es ist erstaunlich klein. Dafür bietet es, direkt an der Fabrik gelegen, einen Werksverkauf und damit die Chance, ein Schnäppchen zu ergattern, indem man etwa ein Auslaufmodell oder Artikel mit kleinen Fehlern zu günstigeren Preisen kauft.

Die Vielfalt des Angebots beeindruckt mich. Das 1884 von Karl Elsener gegründete Familienunternehmen machte durch seine qualitativ hochwertigen Taschenmesser auf sich aufmerksam, die heute nahezu jeder kennt. 2005 kaufte Victorinox den angeschlagenen Mitbewerber Wenger auf. Es heißt, man wollte „die kontinuierliche Weiterentwicklung des *Swiss Army Knife* und dessen Produktionsstandort Schweiz sichern".

Inzwischen gibt es sehr viel mehr als nur schicke *Sackmesser* zu kaufen. So erwerben wir unter anderem ein sogenanntes Swiss-Tool im Leder-Etui. In dem Tool verstecken sich eine Vielzahl an Werkzeugen, dabei ist es extrem klein und handlich zusammenklappbar. Auch Steakmesser, die wir als *das* Besteck auf diversen Hütten kennengelernt haben, wandern in unseren Einkaufskorb. Super, wenn die Griffe eine Farbnuance daneben liegen und sie dadurch deutlich günstiger sind – die behalten wir für uns. Bislang wusste ich allerdings nicht, dass die Firma auch Reisegepäck, Parfüm und Uhren herstellt.

Die Produktion der Zeitanzeiger wurde nach Porrentruy in die Westschweiz verlagert. Was nicht weiter ungewöhnlich ist, befinden sich doch die meisten Produktionsstätten für Uhren zwischen Genf und Basel auf dem Jura-Gürtel. Überhaupt Uhren. Es ist nahezu unvermeidbar, die Bedeutung dieses Produkts für das Land zu bemerken. Bei aller Bescheidenheit der Schweizer, die sogar das Markenemblem ihrer teuren Autos abmontieren, um nicht der Prahlerei verdächtigt zu werden – die Uhren springen einem geradezu ins Auge. Man betritt Schweizer Boden auf einem Flughafen: riesige Uhrenwerbung. Man bummelt durch die Stadt: unzählige Juweliere, die Uhren in den Auslagen präsentieren – oftmals elegant, von schlicht bis pompös funkelnd und nicht selten ohne Preisangabe im Fenster. Geworben wird mit Schweizer Tradition, Qualität und Präzision, und dies seit vielen Jahrzehnten. Marken wie Swatch und Rolex sind weltbekannt. Darüber hinaus befinden sich in der Schweiz (unter anderem) die Firmensitze der Uhrenmanufakturen von Breitling (seit 1884), IWC (seit 1868), Omega (seit 1848) und Patek Philippe (seit 1839). Dass weltweit 95 Prozent der Luxusuhren in der Schweiz produziert werden, ist bezeichnend.

Am Dienstag darauf sitze ich gemeinsam mit den Studienkolleginnen im Zug Richtung Zürich. Noch steht unser Gefährt im *Lozärner* Bahnhof, und ich habe einen Platz mit Bergsicht erwischt. Ob es auf Dauer so bleibt, dass ich mich so freue, die Berge zu sehen? An einem Ort wie Luzern zu studieren, erscheint mir manchmal geradezu unwirklich: Die Fachhochschule ist in U-Form nah am Seeufer gebaut, und der Innenhof bietet freie Sicht auf das Gewässer, auf die mit wehenden Schweizer Fahnen geschmückten Schiffe. Im Hintergrund die grünen Hügel und weiß bepuderten Gipfel der Berge. *„Hät öpper vo eu äs Zältli?“* Carmen reißt mich mit ihrer Frage aus den Gedanken. An meinem Gesichtsausdruck erkennt sie wohl, dass ich sie nicht verstanden habe. Wenn ich mich nicht bewusst auf das Gespräch konzentriere, passiert mir das leider nach wie vor.

Wobei – bei Wörtern wie diesem hätte auch das nicht geholfen. „Hast du vielleicht ein Bonbon für mich?“, versucht sie es noch mal. „Nein, sorry, ein Kaugummi kann ich dir anbieten.“ *„So eine nimm ich gern. Merci.“* „Der Begriff ist *Züridütsch*, Caro. Den muss man nicht kennen“, scherzt Viktoria, die natürlich nicht aus Züri kommt. *„In Züri isch er aber nöd unüblich. Villicht chasch der ihn ja merke, du wohnsch* *doch ide nöchi"*, erwidert Carmen. „Sagst du mir noch mal, wie das Wort heißt? Dann kann ich es mir bestimmt merken." *„Zältli, wie Zält. Warum das so heisst, weiss ich aber au nöd."*

„Was sagt ihr eigentlich zum Ergebnis der Abstimmung?" Ich zeige aus dem Fenster auf eine rote Fahne, auf der in weißen Ziffern „1:12" steht. Solche Banner hängen derzeit an diversen Balkonen, die Plakate zieren die Straßen, und wieder mal gab es Stoff für reichlich Diskussionen. *„Isch leider z'erwarte gsi, dass d'Initiative nöd agno wird"*, sagt Carmen. „Den Ansatz fand ich ja ganz gut, aber die Initiative war nicht wirklich ausgereift, kein Wunder, dass die Leute dagegen gestimmt haben, *oder*?", erwidert Viktoria.

Da ist es wieder, dass *„oderrr"*, wie es für mich klingt. Nicht jeder nutzt es ständig, wie so manch Witzchen über die Schweizer behauptet. Dennoch hört man es, verglichen mit Deutschland, häufig. Es signalisiert den Wunsch nach Bestätigung des Gesagten. Vielleicht ein Fünkchen Unsicherheit – oder die Einladung, darüber zu diskutieren? Vermutlich ist die Intention hinter diesem Wörtchen individuell, und genau deshalb weiß ich nicht immer, wie ich darauf reagieren soll. Denn es gibt durchaus Menschen, die hinter jeden zweiten Satz ein „oder" anhängen, auch an Stellen, an denen ich eigentlich nichts mehr erwidern kann oder sollte.

Seit ich studiere, komme ich in den Genuss, mich mit Einheimischen auch über die politischen Themen auszutauschen, statt derlei nur in der Zeitung zu lesen. Die verschiedenen Initiativen werfen regelmäßig Themen in den Alltag, über die man dann Artikel lesen kann und die Stoff für Gespräche bieten. Die Sichtweisen und Beweggründe der Stimmberechtigten finde ich ungeheuer interessant. Schließlich sind sie anders sozialisiert – insbesondere im Hinblick auf Politik. Die 1:12-Initiative hatte argumentiert, für mehr Lohngerechtigkeit zu sorgen. Ziel war, dass Manager im Monat maximal zwölf Mal so viel verdienen sollen, wie der Mitarbeiter mit dem niedrigsten Gehalt. „Für viele war das wohl zu links, zu sozialistisch", wirft Isabell ein. „Ja, gut möglich", sagt Viktoria nachdenklich.

„Habt ihr schon von der neuen Initiative der SVP gehört? Kaum ist die eine Abstimmung vorbei, fangen die bereits an, Plakate zu kleben." Carmen macht nicht den Eindruck, als sei die Initiative nach ihrem Geschmack. „Worum geht's denn da?", frage ich. „Sie möchten die Zahl der Einwanderer begrenzen. Es nennt sich ‚Masseneinwanderungsinitiative', und die *Parolen*, so nennt die SVP ihre Argumente selber", ergänzt Carmen, „die zielen mal wieder darauf ab, die Ängste der Menschen anzusprechen." Sie macht ein Gesicht, als hätte sie in eine Zitrone gebissen. „In dem Fall die Sorge vor zu viel Ausländern?", hake ich nach. „Ja, anscheinend. Den Initiativtext habe ich noch nicht gelesen, nur einen kurzen Artikel dazu. Es geht darum, dass zu viele Leute in die Schweiz einwandern würden und wir bald keinen Platz mehr hätten, Mieten teurer würden etc. Letztlich würde sogar das Abkommen zur Personenfreizügigkeit auf dem Spiel stehen. Es soll doch, bitte, jeder leben können, wo er möchte! Ach, sorry, aber mir geht sowas total gegen den Strich." Carmen ist sonst eine sehr ruhige, stets freundliche Person. So verärgert habe ich sie noch nie erlebt.

„Das geht mir auch so. Wisst ihr noch, als damals für das Stimmrecht auf Gemeindeebene abgestimmt wurde?" Isabell guckt in die Runde und stößt dabei auf Zustimmung. Nur bei mir erscheint erneut ein großes Fragezeichen. „Die Idee war, Ausländern, die seit zehn Jahren in einem Ort leben, das Stimmrecht zumindest auf Gemeindeebene zu ermöglichen. Dass sie etwa mitentscheiden dürfen, ob Geld für einen neuen Spielplatz investiert werden soll." „Und es ist abgelehnt worden?" „Ganz genau. Es nervt mich *mega*, dass so viele Leute engstirnig und rechts sind!" „Na ja, nicht jeder ist dann rechts ...", wiegelt Viktoria ab. „Nein, vielleicht nicht. Aber diese Angst vor Fremden und das Schüren der Meinung, dass Ausländer erst mal schlecht sind – das nervt!" Isabell wirkt nun ebenfalls aufgebracht. „Aber ein bisschen kann man den Ansatz auch verstehen, oder? Es gab zuletzt wirklich sehr viel Zuwanderung, und das macht den Leuten eben Angst. Für Wohnungen musste extrem viel neu gebaut werden, es heißt, die Kriminalität steigt ..." „Aber das mit der Kriminalität stimmt ja so nicht mal!", unterbricht Isabell sie. „Die allermeisten Zuwanderer kommen, um hier zu arbeiten, bringen den Anstellungsvertrag schon mit. Okay, mit den Wohnungen, das ist in gewissen Gebieten echt ein Problem geworden. Aber wie fies ist das, wenn diese Initiative es auf die ‚normalen' Einwanderer und dazu auch noch auf die Zahl der Flüchtlinge und deren Familiennachzug absieht!" Sie ist nun stinksauer. „Außerdem ärgert mich einfach diese Haltung: Die, die wir brauchen, dürfen kommen und mit dafür sorgen, dass wir im Wohlstand leben. Aber alle andern, die sich vielleicht ‚nur' ein neues Zuhause wünschen, die dürfen nicht mehr herziehen, weil es uns zu viel wird?", führt Carmen ihre Sicht weiter aus.

„Wie ist das denn für dich, wenn du diese Wahlwerbungen gegen Ausländer siehst?" Viktorias Frage lenkt die Aufmerksamkeit auf mich. Tja, wie ist das für mich? „Schon komisch. Manchmal fühle ich mich dadurch wirklich wie eine unerwünschte Ausländerin. Und ab und zu wirkt es richtig befremdlich, wie offen über die ‚bösen Ausländer und so Zeug' diskutiert wird. Allerdings glaube ich, dass es in anderen Ländern kaum anders wäre, würde man die Menschen nach ihrer Meinung fragen. Angst vor der sogenannten Überfremdung haben sehr viele Leute, ob in der Schweiz oder sonst wo. Hier wird nur teilweise erstaunlich ungeschminkt darüber diskutiert."

„Es gibt in jedem Land Idioten, da hast du recht", stimmt Isabell mir zu. „Ich hoffe einfach, dass diese Initiative gegen die ‚Masseneinwanderung' abgelehnt wird. Und dass ihr euch trotz dieser Stimmen hier in der Schweiz wohl fühlen könnt." Carmens Blick wirkt schon fast liebevoll und ein wenig entschuldigend. „Ach klar. Hier wird immerhin offen diskutiert, das finde ich auch irgendwie gut. Und ja, wir fühlen uns wohl – vor allem weil wir das Glück hatten auf nette Menschen zu stoßen." „Hast du von dem viel beschworenen Deutschenhass noch nichts direkt erleben müssen?" fragt Isabell. „Nein, mal abgesehen von den Problemen, eine Arbeit zu finden, haben wir sehr viele positive Erfahrungen machen dürfen. Unsere Nachbarn sind nett, Dominik fühlt sich auf der Arbeit wohl, und jetzt habe ich euch kennengelernt." „Schön, das freut mich für euch!", lächelt Carmen. „Liegt vielleicht auch an euch, weil ihr Interesse zeigt an Land und Leuten." Viktoria zwinkert mir freundschaftlich zu.

„Wo wir gerade dabei sind – was haltet ihr davon, mal zusammen einen Glühwein trinken zu gehen? Der Weihnachtsmarkt macht ja schon bald auf!" Carmens Vorschlag stößt bei uns allen auf Begeisterung. Und mir wird klar: Das Klischee der ach so verschlossenen, zurückhaltenden Schweizer kann ich zum Glück nicht bestätigen. Das erleichtert mich ungemein.

Lotte und Jule, meine lieben Freundinnen aus Deutschland kommen zu Besuch! Dominik hat sich für das Wochenende zu einem Freund nach Innsbruck abgesetzt – natürlich nur aus Rücksicht auf uns, damit wir in Ruhe quatschen können. Vielleicht auch aus Fluchtinstinkt vor zu viel Frauengequassel?!

Wir kommen gerade vom Flughafen, da treffen wir Stefanie im Hausflur. Ich stelle alle einander vor, wir plaudern kurz. Bei der Verabschiedung fällt mir plötzlich etwas auf: Stefanie verändert ihre Sprache, sie wechselt gezielt ins Hochdeutsche, als sie Lotte und Jule anspricht „Dann wünsche ich euch ein richtig schönes Mädels-Wochenende! Viel Spaß!“ Kaum habe ich die Wohnungstüre geschlossen, platzt es förmlich aus Jule heraus „Hast du sie verstanden?“ Beide starren mich mit großen Augen an. „Also, ich habe kein Wort verstanden und nur doof gegrinst. Ich hoffe, sie hat nichts Ernstes gesagt“, sprudelt auch Lotte los und sieht dabei ebenfalls etwas verwirrt aus.

Ich lache, zum einen weil die beiden so witzig gucken und – aus Freude. „Hey, nun lach uns nicht aus“, droht Jule scherzend mit dem Finger. „Nein, nein. Ich hatte es nur zuerst gar nicht richtig gemerkt, dass Stefanie Dialekt gesprochen hat.“ „Echt jetzt?“ Lotte wirkt überrascht. „Na, das nenn ich mal integriert.“

„Ja, ich habe sie gut verstanden. Sie hat nur gefragt, ob wir letzte Nacht ihren Sohn gehört hätten. Er ist krank und hat wohl nicht besonders viel geschlafen, stattdessen die Familie auf Trab gehalten. Dann habe ich sie vorgewarnt, dass wir drei bestimmt auch etwas lauter sein werden, wenn wir rumlachen.“

„Weißt du, was witzig ist, Caro?“ Fragend schaue ich die beiden an. „Dein Singsang hat sich verändert, als du mit deiner Nachbarin gesprochen hast! Deine Betonung war irgendwie ganz anders.“ Das gibt's ja nicht! „Im Ernst?“ „Ja, wirklich.“ Mir war es nicht bewusst. Einerseits ist es mir etwas unangenehm, schließlich möchte ich mich sprachlich nicht anbiedern oder zum Affen machen. Und gleichzeitig freue ich mich auch darüber. Es ist vermutlich das Phänomen, dass man gewisse Redewendungen von den Menschen um sich herum annimmt, wenn man viel mit ihnen zusammen ist. In den letzten Wochen hatte ich (endlich) sehr viel Kontakt zu Schweizern, die bewusst darauf verzichtet haben, Hochdeutsch mit mir zu sprechen. Noch immer verstehe ich längst nicht alles, aber schon so viel mehr als noch vor dem Sommer.

In der Küche gibt es erst mal einen Kaffee, dazu selbstgemachte *Rüeblitorte*. Und dann reden wir ohne Unterlass. Telefonieren ist gut, aber Zeit zu haben, in aller Ausführlichkeit zu erzählen, das ist großartig. Jule berichtet, dass ihr Mann inzwischen Floorball spielt. Diesen Sport kennen in Deutschland nur wenige, wohingegen er hier sehr bekannt ist, eher noch unter dem Namen *Unihockey*. Die Kinder lernen ihn bereits in der Schule kennen und betreiben diesen Hallensport, der durch den Umgang mit den Schlägern sehr an Eishockey erinnert, vergleichsweise häufig im Verein.

Den Puck mit einem Schläger auf dem Eis zu verfolgen, erfreut sich hier ebenfalls großer Beliebtheit. Als die Schweiz im Mai das Finale der Eishockey-Weltmeisterschaft erreichte, war nicht nur unser Nachbar mit der Dauerkarte für diesen Sport völlig aus dem Häuschen. Die Mannschaft erreichte den zweiten Platz, diese herausragende Leistung wurde mit Stolz und Freude gefeiert.

„Ich bin mal auf die Fußball-WM gespannt!", sage ich – und ernte verdutzte Blicke. „Na, es ist ja schon komisch, wenn man in einem anderen Land lebt." „Stimmt. Werdet ihr eine Deutschland-Fahne aufhängen?", will Jule wissen. „Keine Ahnung. Eher nicht – es trägt vielleicht nicht zur Völkerverständigung bei", erwidere ich, nicht ohne amüsierten Unterton. „Allerdings haben wir das früher in Deutschland auch nicht gemacht." „Ich habe mal gehört, dass die Schweizer prinzipiell gegen die Deutschen sind, wenn es um Fußball geht", wirft Lotte ein. Das ist mir auch schon zu Ohren gekommen. Egal, gegen wen die Deutschen spielen, Hauptsache sie verlieren.

Interessant am Fußball in der Schweiz ist für mich ansonsten die eingeschworene Fangemeinschaft des FC Basel.

Angeblich soll die ganze Stadt aus begeisterten Anhängern des Vereins bestehen. Als wir uns das erste Mal mit Schweizern über Fußball unterhielten, war ich im ersten Moment über die benutzten Begriffe erstaunt. Sie nutzen englische Ausdrücke, diese klingen durch die andere Betonung ein klein wenig anders. Da wird das Spiel zum *Match* (mit a ausgesprochen), der Torwart ist ein *Goali*, Abseits ist *Offside* und der Elfmeter-Strafschuss ist ein *Penalty* – und wenn der Ball im Netz landet, wird passenderweise laut *„Goal"* gebrüllt.

Das Thema Sport vertiefen wir nicht weiter, sondern kommen zu der Frage der Wochenend-Planung: „So Ladys, ihr habt drei Tage kinderfrei – was wollt ihr machen?" Die beiden lachen vergnügt, und Lotte sagt: „Mitbringsel für Mann und Kinder kaufen!" „Ich kenne einen sehr schönen Spielwarenladen in Zürich, den zeig ich euch gern! Und sonst so? Habt ihr Lust, *in den Ausgang* zu gehen?" „Wohin?" fragt Jule stirnrunzelnd. „Das sagt man hier, wenn man abends in die Stadt was trinken oder feiern geht. Zürich hat einiges zu bieten in puncto Bars, Restaurants, Clubs und so", erkläre ich. „Hm, also groß Party machen muss ich wirklich nicht. Ich fände ein relaxtes Wochenende richtig schön. Gemütlich mit euch ein Weinchen trinken und quatschen. Wozu ich aber tatsächlich ein bisschen Lust hätte – jetzt lacht nicht", warnt Jule uns, „ich gehe ganz gerne mal in ein Museum, da gibt es doch bestimmt was?" Ich überlege kurz. „Es gibt sehr viel, kommt drauf an, was ihr euch ansehen möchtet und wie weit wir fahren wollen." Wenn es ein bisschen Action sein soll, dann soll sich das Verkehrsmuseum in Luzern hervorragend eignen. Es wurde mir als eines der beliebtesten Museen der Schweiz empfohlen." Es beherbergt mehr als 3000 Objekte auf über 20 000 Quadratmeter Fläche und entführt einen in die Entwicklung des Verkehrs und der Mobilität. Man kann dort diverse Geräte ausprobieren und viel erfahren, angefangen beim Schienenverkehr bis zur Luft- und Raumfahrt als auch Kommunikation.

„Oh, das klingt spannend, aber das wäre doch auch mal was, wenn wir unsere Männer und Kinder dabei haben!" Lotte klingt begeistert. „Ja, auf jeden Fall", stimmt Jule zu. „Wie sieht es denn mit Kunst aus?" „Tja, da seid ihr hier in Zürich wahrlich nicht falsch." Ein breites Grinsen ziert mein Gesicht, erst vor wenigen Tagen erzählte mir Carmen auf der Heimreise mit der Bahn einiges über die Kunstszene der Stadt. „Zürich hat ein vielseitiges Angebot, wir könnten etwa in das Kunsthaus gehen. Dort gibt es Gemälde von Picasso, Monet und auch Andy Warhol. Die Bandbreite soll sehr groß sein. Ansonsten müsste ich mich mal schlau machen, wo wir hingehen könnten. Denn es gibt auch abseits des Mainstreams eine sehr bunte Kunstszene, kleine Galerien und so." Alternative Kunst fand, wenn man so will, in Zürich gar ihren Ursprung. Am Rande des Ersten Weltkrieges tummelten sich besonders in Zürich Künstler aus vielen Ländern.

Im „Cabaret Voltaire" entstand 1916 der Dadaismus. Hier wurden Lesungen und Ausstellungen dargeboten, und es entwickelte sich eine Bewegung gegen die bisherigen „verlogenen" Ideale, es war ein Protest gegen den Krieg. Dies äußerte sich in der Verbindung von Primitivem mit moderner Technik, um damit genau das Gegenteil dessen zu schaffen, was bisher als schöne Künste galt. Sie wollten also förmlich „Nonsens" oder eine Art „Anti-Kunst" erschaffen. Der Dadaismus gilt heutzutage als internationale Kunst- und Literaturrichtung. Neben Zürich lockt auch Basel Kunstliebhaber aus aller Welt an. Vor allem einmal im Jahr, wenn die Art Basel, eine internationale und sehr beliebte Kunstmesse, ihre Pforten öffnet. Dann verwandelt sich die Stadt am Rhein zum Tummelplatz interessanter und auch skurriler Persönlichkeiten.

Bei diesem Thema wandern meine Gedanken zu einem Besuch bei einem Arbeitskollegen von Dominik. In seiner Freizeit lebt er seine künstlerische Ader auf verschiedenste Weise aus, er gestaltet und malt. Eines seiner Objekte stellt ein Streichholz von beachtlicher Größe dar, in Anlehnung an den Text des in der Schweiz sehr bekannten Mundart-Liedermachers Mani Matter:

I han es Zündhölzli azündt
Und das het e Flamme gäh
Und i ha für d'Zigarette
Welle Füür vom Hölzli näh
Aber s'Hölzli isch dervo –
Gspickt und uf e Deppich cho
Und es hätt no fasch es Loch in Deppich gäh dervo
Ja me weis was cha passiere
We me nit ufpasst mit Füür…

Letztlich erzählt dieses Lied, was alles passieren kann, wenn man nicht gut auf das kleine *Zündholz* achtet. Es geschehen ziemlich verrückte Dinge in dem Text, wie in einer gigantischen Kettenreaktion.

Während Jule und ich noch über die Museen sprechen und dabei auch den Reiseführer zu Rate ziehen, stöbert Lotte im Bücherregal. „Ach nee, du hast sogar noch die Schullektüren!" stellt sie fest. „Ich gehe zumindest davon aus, dass du ‚Homo Faber' nicht freiwillig gelesen hast", lacht sie. „Ach, das fand ich damals etwas schräg, aber gar nicht so schlecht. Stimmt, ich habe es in der Schule gelesen. Genauso wie ‚Der Besuch der alten Dame'. Wusstet ihr, dass Max Frisch und auch der Dürrenmatt Schweizer Schriftsteller waren?" Beide schütteln den Kopf, während Lotte das Buch mit der Tragikomödie in drei Akten von Dürrenmatt in die Hand nimmt und amüsiert meine Randnotizen von damals liest.

Aber was soll's. Ins Museum können wir immer noch. Und vielleicht auch in die Berge, wenn das Wetter mitspielt. Im Moment, das wird uns langsam klar, möchten wir einfach nur gemütlich miteinander reden. Unsere leichteste Übung!

Ein Besuch im Spielwarenladen und Supermarkt darf dennoch keinesfalls fehlen. „Hier steht ja alles in drei Sprachen auf den Verpackungen", Jule hält staunend ein Paket Quark in der Hand. In der anderen trägt sie das rote Körbchen, in dem schon diverse Käsespezialitäten auf den Kauf warten. „Ja, bei sehr vielen Produkten findet man das. Macht ja auch Sinn – Deutsch, Italienisch, Französisch." „Schau mal, Butterherzli – die muss ich kaufen!" Lotte hält uns ihre erbeuteten Kekse unter die Nase. Sie mustert interessiert die Menschen um uns herum, wie schon den ganzen Tag, während wir in der Stadt unterwegs waren. „Sag mal, hier hat ja jeder ein iPhone! Und anscheinend tragen die einen Mammut-Klamotten und die anderen schicke Lederschuhe und Louis-Vuitton-Taschen!" „Das mit den iPhones ist mir auch schon aufgefallen. Apple findet in der Schweiz offensichtlich reißenden Absatz. Mammut, hm, ist mir noch nicht so ins Auge gestochen ..." „Doch, auf jeden Fall! Achte mal darauf", wirft nun auch Jule ein. „Ist eine Schweizer Firma oder?", hakt Lotte nach. Ich nicke nur, möchte das Thema aber nicht mitten im Supermarkt vertiefen. Wobei es mir große Freude macht, ihren Beobachtungen zu lauschen. Manches ging mir vor einem Jahr wie ihnen, anderes habe ich anders wahrgenommen oder es ist für mich schon in den Alltag übergegangen, so dass es schön ist, es nochmal mit fremden Augen zu betrachten.

Inzwischen neigt sich der November dem Ende zu, die ersten Vorboten des Winters liegen in der Luft. Die Nächte bringen den ersten Frost, und der warme Mantel ist nun wieder mein ständiger Begleiter. Und ich habe *mega* viel zu tun – diesen Monat ist eine Arbeitskollegin in Ferien, dadurch bringt meine Aushilfsstelle etwas mehr ein. Und die *Schule* fordert mich ebenfalls, es gilt Hausarbeiten zu schreiben, Gruppenarbeiten zu erstellen, Texte zu lesen etc. Aber ein bisschen Stress, kann mich gerade nicht schocken. Es gibt Tage, da strengt es mich an, sicher. Vollzeitstudium plus Arbeiten eben. Doch ich habe so lange darauf gewartet, einen sinnvoll gefüllten Alltag zu haben. Darauf besinne ich mich stets, wenn ich auf die gut gefüllte To-do-Liste schaue.

Kaum zu glauben, dass ich nun schon knapp ein Jahr in der Schweiz wohne. So hart der Start auch war, mit Einsamkeit und Jobfrust – so sehr hat uns die Erfüllung des Neujahrsvorsatzes doch auch diese Zeit versüßt. Regelmäßig packte mich bei unseren Ausflügen der Gedanke: „Genau dafür!" Das Land bietet so viel Schönes, das mich für die Stolpersteine entschädigen kann. Wobei ich nun glücklich bin, dass mein Leben auch darüber hinaus wieder Gestalt annimmt: spannendes Studium, eine erste kleine Arbeitsstelle und die neuen Bekanntschaften, die womöglich sogar Freundschaftspotenzial haben ...

Jetzt fühlt es sich an, als könnten wir hier ein Stück Zuhause finden.

Danke

Zwar auf der letzten Seite, aber von ganzem Herzen: danke! An all jene, die mir direkt und indirekt bei diesem Buch zur Seite standen.

Dominik, dank dir leben wir nun in der schönen Schweiz! Dubbele merssi für deine Unterstützung und so vieles mehr.

Aurelia und Vanessa, ihr ward bedeutende Wegbegleiter bei diesem Projekt. Die anregenden Gespräche waren ebenso wie euer aufmerksames Lesen mit Schweizer Augen für mich besonders wichtig und hilfreich. Zudem habt ihr, wie auch Aline, Diego, Simon und Simona der Sprachwelt der Schweiz Leben eingehaucht. Herzlichen Dank dafür!